方富贵律师参加北京市劳动和社会保障法学会 2007 年年会。

方富贵律师与关怀教授、姜俊禄博士合影，仅以此缅怀关怀教授。

方富贵律师参加新常态下劳动关系法律调整研讨会（2015年）。

方富贵律师参加“北京市法学会法学法律专家基层公益行”（2016年）。

方富贵律师参加北京市劳动和社会保障法学会 2016 年年会暨会员代表大会。

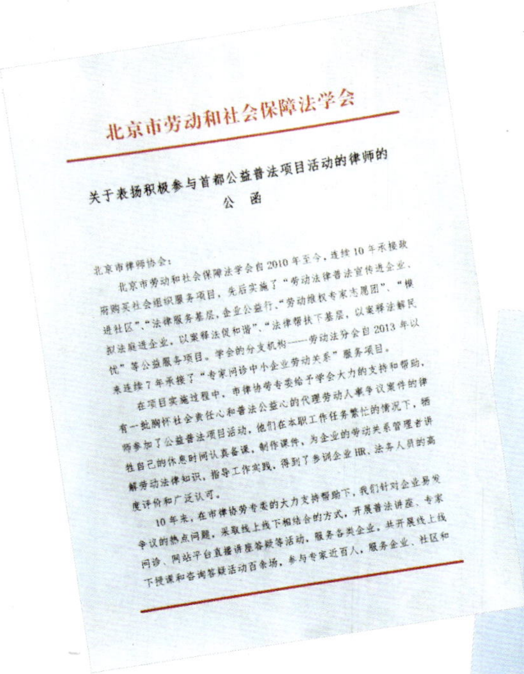

北京市劳动和社会保障法学会

关于表扬积极参与首都公益普法项目活动的律师的
公　函

北京市律师协会：

北京市劳动和社会保障法学会自2010年至今，连续10年承接政府购买社会组织服务项目，先后实施了“劳动法律普法宣传进企业、进社区”、“法律服务基层，企业公益行”、“劳动维权专家志愿团”、“模拟法庭进企业，以案释法促和谐”、“法律帮扶下基层，以案释法解民忧”等公益服务项目。学会的分支机构——劳动法分会自2013年以来连续7年承接了“专家问诊中小企业劳动关系”服务项目。

在项目实施过程中，市律协劳专委给予学会大力的支持和帮助，有一批胸怀社会责任心和普法公益心的代理劳动人事争议案件的律师参加了公益普法项目活动，他们在本职工作任务繁忙的情况下，牺牲自己的休息时间认真备课，制作课件，为企业的劳动关系管理者讲解劳动法律知识，指导工作实践，得到了参训企业HR、法务人员的高度评价和广泛认可。

10年来，在市律协劳专委的大力支持帮助下，我们针对企业易发争议的热点问题，采取线上线下相结合的方式，开展普法讲座、专家问诊、网站平台直播讲座答疑等活动，服务各类企业，共开展线上线下授课和咨询答疑活动百余场，参与专家近百人，服务企业、社区和

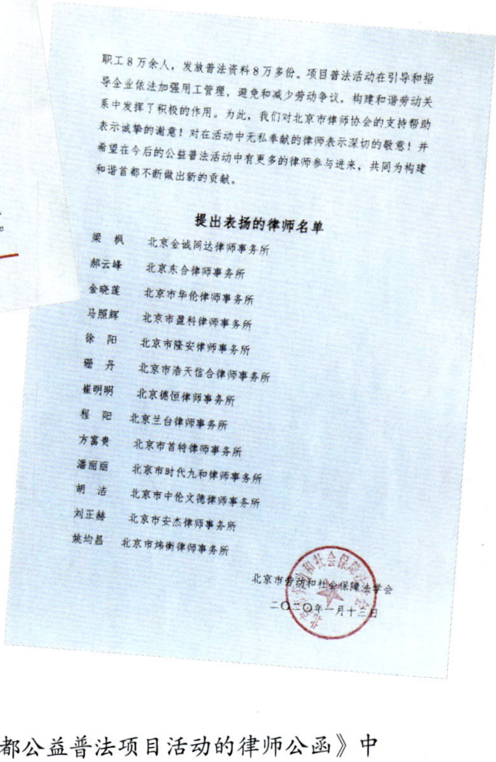

职工8万余人，发放普法资料8万多份。项目普法活动在引导和指导企业依法加强用工管理，避免和减少劳动争议，构建和谐劳动关系中发挥了积极的作用。为此，我们对北京市律师协会的支持帮助表示诚挚的谢意！对在活动中无私奉献的律师表示深切的敬意！并希望在今后的公益普法活动中有更多的律师参与进来，共同为构建和谐首都不断做出新的贡献。

提出表扬的律师名单

梁　枫　北京金诚同达律师事务所
郝云峰　北京东合律师事务所
金晓莲　北京市华伦律师事务所
马照辉　北京市盈科律师事务所
徐　阳　北京市隆安律师事务所
聊　丹　北京市浩天信合律师事务所
崔明明　北京德恒律师事务所
程　阳　北京兰台律师事务所
方富贵　北京市首特律师事务所
潘丽丽　北京市时代九和律师事务所
胡　洁　北京市中伦文德律师事务所
刘正赫　北京市安杰律师事务所
姚均昌　北京市炜衡律师事务所

北京市劳动和社会保障法学会
二〇二〇年一月十三日

方富贵律师在《关于表扬积极参与首都公益普法项目活动的律师公函》中受到表扬（2020年）。

十年磨一剑

我熟知并热爱的股权激励

方富贵◎著

经济日报出版社

图书在版编目（C I P）数据

十年磨一剑 : 我熟知并热爱的股权激励 / 方富贵著
-- 北京 : 经济日报出版社 , 2021.8
ISBN 978-7-5196-0915-3

Ⅰ . ①十… Ⅱ . ①方… Ⅲ . ①股权激励－研究 Ⅳ .
① F272.923

中国版本图书馆 CIP 数据核字 (2021) 第 174796 号

十年磨一剑：我熟知并热爱的股权激励

作　　者	方富贵
责任编辑	黄芳芳
助理编辑	王浩宇
责任校对	温　海
出版发行	经济日报出版社
地　　址	北京市西城区白纸坊东街 2 号 A 座综合楼 710（邮政编码 :100054）
电　　话	010-63567684 （总编室）
	010-63584556 （财经编辑部）
	010-63567687 （企业与企业家史编辑部）
	010-63567683 （经济与管理学术编辑部）
	010-63538621 63567692（发行部）
网　　址	www.edpbook.com.cn
E - mail	edpbook@126.com
经　　销	全国新华书店
印　　刷	中国电影出版社印刷厂
开　　本	880mm×1230mm　1/32
印　　张	9.25
字　　数	171 千字
版　　次	2021 年 8 月第 1 版
印　　次	2021 年 9 月第 1 次印刷
书　　号	ISBN 978-7-5196-0915-3
定　　价	59.00 元

序 言

十年磨一剑，爱上股权激励

一、初入律师行，爱上劳动法

本人从事律师职业已18年了。2003年，本人刚刚由实习律师转为执业律师，开始涉足办理劳动争议纠纷案件。

2003年，是非常值得铭记的一年，“非典”（英语：SARS）肆虐中国，有关熏白醋、喝板蓝根能够预防“非典”的传言兴起，掀起抢购潮。平时10元左右一包的板蓝根一下子飙升到40元左右，就连白醋价格也节节攀升，从10元一瓶涨至20、30元不等。众多员工不敢或不愿到单位上班，出现了旷工、请假、停工停产等现象，从而导致用人单位与劳动者之间劳动争议纠纷频频爆发。

2003年5月12日，为做好防治非典型肺炎期间劳动关系调整工作，维护劳动关系和就业稳定，原劳动保障部发出《关于切实做好非典型肺炎防治工作的紧急通知》，要求：“要改善农民工生产生活条件，使用农民工的单位，必须为农民工提供必要的劳动保护条件和采取必要的防护措施；要保持工作场所和住所的良好通风，做好消毒工作；要尽力改善农民工的居住条件，对过于集中居住的，要尽快采取措施适当分散居住；不得集中遣散农民工，并要保障其基本生活；发现非典病人或疑似病人，要立即隔离并送医疗机构诊治，任何单位和个人不得将患者或疑似患者的农民工解雇、转移或遣送。”

2003年5月14日，原劳动和社会保障部又作出了《关于妥善处理劳动关系有关问题的通知》（劳社厅函〔2003〕257号），其中规定：“用人单位因防治非典型肺炎或受非典型肺炎影响，导致效益下降或停工停产的，可以采取灵活安排工作时间等办法调整用工方式，但不得以此为由解除与职工的劳动合同。用人单位正常生产经营的，必须按时支付劳动者工资。用人单位停工停产期间，按《工资支付暂行规定》支付劳动者工资或生活费。停工停产在一个工资支付周期内的，应按劳动合同规定的标准支付工资。停工停产超过一个工资支付周期的，劳动者提供了正常劳动，支付给劳动者的劳动报酬不得低于当地的最低工资标准；劳动者没有提供正常劳动，用人单位应当向劳动者支付生活费。生活费标准按照各省、自治区、直辖市规定的办法执行。对非典型肺炎患者、疑似病例者或被依法隔离人员用人单位不得解除劳动合同；在治疗隔离期间，劳动合同到期的，顺延至治疗终结或隔离期满。其治疗隔离时间，不计算在职工依法应享受的医疗期之内。因防治非典型肺炎或受非典型肺炎影响造成当事人申请劳动争议仲裁超过规定申诉时效的，劳动争议仲裁时效相应顺延。对因上述原因妨碍劳动争议仲裁机构审理案件的，可根据各地疫情情况，审理期限相应顺延。

各级劳动保障部门要切实加强劳动争议处理和监察执法工作，维护防治非典型肺炎期间劳动关系稳定。各地可根据本地实际，采取妥善处理劳动关系的有效措施。”

2003年6月24日，世界卫生组织解除对北京的旅游警告，并将北京从疫区名单中剔除，即“双解除”。至此，“非典”疫情渐渐落下帷幕，由此而发生的劳动争议纠纷案件数量却有显著增长。

2004年，本人开始在北京市汉龙律师事务所执业，担任主任助理，负责《中外管理》杂志、王府半岛酒店等单位的法律顾问事务，处理过不少劳动争议纠纷案件，与顾问单位的HR们一起“并肩作战”，化解处理了不少劳动争议纠纷案件，开始喜欢上了劳动法律业务。

二、进入市劳动和社会保障法学会与市律协专业委员会

正是在这样的背景下，本人走上了劳动与社会保障法律业务领域。2007年，本人加入北京市劳动和社会保障法学会并成为会员；2008年，本人又加入第八届北京市律师协会劳动与社会

保障法律专业委员会并成为委员。

随后，本人有幸参加了关于劳动法方面的大量会议和活动，并结识了劳动法界的诸多资深人士，诸如姜俊禄律师、王建平律师、吴颖萍律师、梁枫律师、苏文蔚律师、金晓莲律师、黄乐平律师等律师同仁以及企业、高校、政府界的劳动法领域的前辈。尤其是每年一度的北京市劳动人事争议案例研讨会，更是群英荟萃。案例研讨会由北京市劳动和社会保障法学会牵头承办，北京市律师协会、北京市高级人民法院、北京市劳动人事争议仲裁委员会等单位共同协办，北京市劳动保障系统的工作人员、仲裁员、法官、律师、专家学者、企事业单位人力资源管理人员及工会干部、新闻工作者等人员前来参加，盛况空前。案例研讨会先后被北京市政法委、北京市法学会评为首都优秀研讨活动品牌项目，硕果累累。

这里还必须透露的“秘密”是：北京市律师协会劳动与社会保障法律专业委员会具有良好的传承风范，自姜俊禄律师担任第一届北京市律师协会劳动与社会保障法律专业委员会主任以来，主任先后更换为王建平律师、吴颖萍律师、梁枫律师，虽然专业委员会主任不断更迭，但专业委员会的愿景使命和传承不变，令其他兄弟委员会羡慕不已。每届班子及成员都非常“爱劳动”，无私奉献，尽心尽力，为构建首都和谐劳动关系谱写新篇章。

我国企业薪酬体系管理机制一直处在动态管理过程中，企业薪酬体系管理机制包括对薪酬支付原则、薪酬策略、薪酬水平、薪酬结构、薪酬构成进行确定、分配和调整等。一般情况下，薪酬结构、薪酬构成原则上由基本工资+津贴+福利+年终奖金的模式构成，但随着经济和社会的发展，这一薪酬结构、薪酬构成已无法真正调动员工的积极性，我们从春节过后员工频繁跳槽的现象中可以得到印证，员工流失不可怕，合理的流失率有利于企业保持活力，但流失率过高、核心员工留不住，却直接损害企业工作的连续性、工作质量和人员的稳定性。俗话说，“好的机制，可以让庸才变成天才；坏的机制，可以把天才变成蠢材”。因此，这就要求为企业提供法律服务的顾问律师们，必须将法律结合人性，法律结合商业，服务结合企业发展的愿景和规律，寻找薪酬体系管理制度上的创新路径。

三、走上股权激励路

本人有幸加入劳动保障法学会和专业委员会，这也得益于法学会、律协领导的关心，前辈恩师同仁的启蒙、教诲和栽培。随着时代的变化，经济的快速发展，用人单位的规章制度尤其是薪酬体系管理制度需要进一步提升和优化。因此，作为一名律师，我们要不忘初心、砥砺前行、与时俱进，追求制度创新。那么，如何才能寻找到薪酬体系管理制度上的创新路径呢？

首先，我们要向优秀的、有作为的公司学习。在某种意义上讲，广泛吸取专业的制度经验，是创新的最佳路径。股权激励作为上市公司的“专利”，非上市公司应当学习、借鉴和吸收，因此，股权激励制度也逐渐由上市公司向非上市公司传递和实践。

其次，要找到股权激励的本质。股权激励的本质就是完成公司股东跟高管团队之间，以及高管团队内部之间关于公司未来事业发展的深度思考和有效沟通，通过心理与书面上的契约，达成长效激励机制的保障，从而实现公司从“利益矛盾体”走向“利益共同体”“事业共同体”乃至“命运共同体”。对此，本人进行了大量的股权学习和研究，并于2019年3月出版了《股权大布局》一书。本人认为，股权激励就是薪酬体系的2.0版本，属于劳动争议纠纷的范畴；但也有人认为，股权激励产生的纠纷属于公司纠纷而非劳动争议纠纷。目前，在司法实践中也存在着上述两种争议。

再次，要理解我国从对人力资源的管理认识上升到人力资本的经营思维认识，从对人力资源驱动的认识上升到人力资本再造的认识。这些认识的变化和对人力价值的认知，进而导致了股权激励成为人力资本的重要工具。

最后，本人粗浅地认为：要打破原有的思维模式和固有观念，实现人力资本经营的思维模式。本人坚信：现在以岗位为中心的人力资源模式必然会被未来以任务为中心的人力资本模式所替代，我国必将进入到人力资本新时代……

四、前途光明 未来可期

自第八届北京市律师协会成立以来，本人一直是北京市律师协会劳动与社会保障法律专业委员会的委员，至今已13年。无论是对股权结构和股权激励的学习，还是对劳动争议纠纷的处理，本人依然“热爱劳动”，为构建和谐的劳动关系，构建社会的长治久安贡献自己的绵薄之力。这本文集收录了本人从业18年来撰写的文章，以及经手的案件总结。其中部分文章提及的社会问题已得到解决，特此说明。

股权激励，未来必将成为劳动法律师一个新的业务领域，亦将成为驱动公司创新和发展的动力之一，在企业高质量发展的道路上，虽然充满了艰难险阻，但前途光明，未来可期。

走在股权激励之路上，本人将不忘初心，砥砺前行！

是为序！

方富贵

2021年3月5日

目 录

附　录　股权激励法律法规

第一章

朝花夕拾

CHAPTER 1

第一节　浅议如何监管我国的社会保险基金

随着我国社会保障制度的逐步建立、完善，如何建立起与社会保险基金相适应的监管制度日益受到重视。一般认为，我国的社会保障制度应由社会救助、社会保险、社会福利、社会优抚等4个部分所构成[①]。其中，由于社会保险适应了工业社会与市场经济对劳动力市场化的需要，解决的是社会成员中进入劳动年龄段的劳动者的后顾之忧，故在现代社会保障制度中占有核心地位[②]。如何监管我国的社会保险基金也日显其重要性。近年来，上海、广州等地发生的社会保险基金案件让人感到震惊。我国颁布的社会保险法律、法规、规章为数不少，初步确立了社会保险制度的雏形。但在社会保险立法日趋活跃、影响日益深远之际，法学界对社会保险基金的监管似乎还缺乏应有的重视，对如何监管社会保险基金的基本理论问题研究亦不深入。本文拟从当前社会保险基金存在的问题及其解决模式做一初探。

① 覃有土，樊启荣. 社会保障法［M］. 北京：法律出版社，1997.
② 郑功成，论中国特色的社会保障道路［M］. 北京：中国劳动社会保障出版社，2009.

一、社会保险基金的含义及其功能

社会保险基金是指依法筹集的用于实施社会保障制度的专项基金。社会保险基金是社会保障制度的物质基础。建立和健全社会保障制度，首先必须有可供分配的社会财富，即充足的社会保险基金。如果没有这一物质基础作保证，社会保障制度也就失去了存在的价值。社会保险基金是依法筹集的，根据法律的强制性，应当明确规定社会保险基金的来源、支付、运营、监督等，并严格执行，以确保社会保险制度的正常运行。社会保险基金是用于实施社会保障制度的专项基金，是“社会保险的生命线”，被称作“养命钱”，是广大参保人员基本生活的主要来源。社会保险基金有其特定的目的和用途，即用于社会成员在年老、疾病、伤残、失业、生育、死亡、遭遇灾害、面临生活困难时给予帮助，以保障其基本生活。为保障社会保障事业的正常、有效运行，社会保险基金必须专款专用，任何机构和个人不得侵吞或挪作他用。

二、我国社会保险基金存在的问题

从上海社会保险基金案[①]到广州社会保险基金案[②]，一面是频频告急哭穷，社会保险基金账户空账运行，一面是几个亿的社会保

① 佚名. 2006大案: 上海社保基金案警示.［EB/OL］, http://financechina. com/1387/061225/255890100.php.

② 贺林平. 广州6亿元社保基金案责任人被追究刑责［N］, 人民日报，2007-04-09.

险基金被挪用，这让人看不懂，社会保险基金唱的是哪出戏？经过分析，我们从上述案例中看出：我国社会保险基金存在着严重的被挪用、侵占或与他人串通套取、冒领社会保险基金等严重问题。这些问题出现的根本原因在于：

（一）我国社会保险经办机构的监管体制混乱、不健全

根据《社会保险基金财务制度》的规定，地方社会保险基金只能购买国债类风险可控产品，“任何地区、部门、单位和个人不得动用基金结余进行其他任何形式的直接或间接投资。”但从社保基金管理监督体制来看，上述规定在现实中无法产生约束作用。根据1999年国务院颁布的《社会保险费征缴暂行条例》规定：“国务院劳动保障行政部门负责全国的社会保险费征缴管理和监督检查工作。县级以上地方各级人民政府劳动保障行政部门负责本行政区域内的社会保险费征缴管理和监督检查工作。”也就是说，各级“劳动保障行政部门”肩负起社会保险基金的管理与监督的双重责任，身兼政策制定、费用收缴、投资运作、监督查处等数职，自己监督自己，其效果可想而知。

同时，地方社保部门又隶属于地方政府，地方政府对它所属的行政部门拥有决定性的权力，这样社会保险基金只能在小范围内封闭运转，也易导致社会保险基金安全问题频发。

此外，社会保险经办机构在操作风险管理上也普遍存在

着诸多缺陷，如存在“重事后管理，轻事前防范”“重个案查处，轻全面分析”“重基层操作人员管理，轻高层领导人员管理”等错误的操作风险管理理念、不健全的操作风险管理架构和单一的操作风险手法等。

（二）由于我国社会保险经办机构惩罚机制的缺失，内外勾结现象严重

我国社会保险经办机构的职工缺乏凝聚力、向心力，缺少对社会保险基金特有的专业和职业操守。同时，其监管体制混乱，缺乏有效的内部控制和惩罚措施，又存在信息不对称，会计审计制度不健全等问题，从博弈的角度来说，威胁的信号对于职工本人来说不可置信，导致职工抱有一种侥幸的心理，利用自己职务的便利，进行内外勾结，侵害我国社会保险基金安全的基石。

（三）我国政府相关部门各自为政，职责不清

从侵害我国社会保险基金的违规主体来看，包括社会保险经办机构、财政部门、地方政府、劳动保障部门、税务机关等多个部门。由于这些部门大多实行封闭监管模式，彼此之间的管理信息不能有效共享，数据、凭证传递不及时，各方账目、数据常有出入，管理协调难度较大。这种在管理上各自为政、多头管理、职责不清，在监督上相互缺乏约束力的情况，也正是社会保险基金频繁出事的原因。

三、如何监管我国的社会保险基金

（一）完善法律制度，建立政、管分开的管理体制

2007年，我国通过了三部劳动保障重要法律：《劳动合同法》《就业促进法》和《劳动争议调解仲裁法》，并于2007年12月23日首次审议了《社会保险法（草案）》。有人称2007年为中国立法的“劳动和社会保障之年”。其中，《社会保险法（草案）》对于社保基金的管理、运营也作了明确规定：“社会保险基金按照统筹层次设立预算；在保证安全的前提下，通过投资运管实现保值增值，社保基金投资运营的具体办法由国务院规定；社保经办机构应定期向社会公布社保基金的收入、支出、结余和收益情况。挪用社保基金将被依法追究刑事责任等。”但是上述规定，对设立社会保障基金监管制度而言依然是不健全的，缺乏具体的操作措施。所以，在制定《社会保险法》时，应制定健全、完善、具体的操作措施，加强法律规范的强制性，建立起相关的社会保险法律责任制度；对不正当使用社会保险基金，贪污、挪用、侵占社会保险基金的行为人，应当依法追究其行政责任、民事责任和刑事责任。

同时，要建立政、管分开的管理体制，把政府的管理行为和商业运作行为分开，坚持和完善民主集中制，杜绝公权个人化；严格依法行政，建立制度并严格按程序制度办事，决不能让制度在权力面前苍白无力，防止把制度当摆设走过场；

完善科学民主的决策机制，加强上级政府部门对下级政府部门的巡查、上级行政主管部门对下级部门的监管。将社保基金的行政管理与投资运营分离，分设基金行政管理机构与基金投资营运机构，并将社保基金的投资运营交付独立的基金管理公司来完成。如此，才有可能真正防止社保基金变为人人爱吃的“唐僧肉”。

（二）加强事前监督、专门监督和社会监督

面对上述存在的问题，社会保险经办机构不但要落实社会保险基金财务制度、加强内部控制管理、建立要情报告制度等，而且要健全各项规章制度，规范业务流程，完善制约机制，填补工作漏洞。唯有加强事前监督，才能从源头上防范和控制基金风险。“上海社会保险基金案”发生后，劳动和社会保障部办公厅于2006年9月30日发布《关于转发驻部纪检组监察局<关于进一步加强社会保险基金监管严肃基金纪律的意见>的通知》。2006年11月30日，劳动和社会保障部关于印发《社会保险基金要情报告制度》的通知。从上述文件的内容看，对于社会保险基金的监督管理基本上集中于行政监管（特别是劳动保障部门的行政监管）和财务会计监管两方面。但是，鉴于社会保险基金的重要性，有关监督管理需要有更加全面细致的规定，应充分考虑以下几个方面：权力机关的监管和人民群众的监管、社会组织的监管、专门监督机构的监管。有必要建立专门的社会保险基金社会监督委员会，吸收各方面的利益代表参加，定

期对社会保险基金管理机构的财务情况、社会保险基金运营情况进行审核、检查，提出整改建议，加强社会监督，不断完善社会保险基金管理制度。也就是要建立健全以行政监督为主导，基金管理机构内控自律为基础，专门监督和社会监督为补充的社保基金监管体系[①]。

（三）对社会保险基金增加透明度，真正做到政府信息公开、审计公开，让公众了解社会保险基金的管理情况

社会保险经办机构应当增加社会保险基金的透明度，定期向社会公布社会保险基金的收入、支出、结余和收益情况，并允许单位和个人向社会保险经办机构查询、核对其缴费和领取社会保险待遇记录，社会保险经办机构应当提供社会保险咨询等服务，真正做到信息公开。

尽管我国已在1995年10月1日起实施了《社会保险审计暂行规定》，其中第二条规定：“各级国家审计机关应当加强对劳动行政部门及社会保险基金经办机构和劳动就业服务机构管理的社会保险基金、资金的财务收支的审计，对其内部审计工作进行指导和监督。”但这仅仅是一个部门规章，法律效力低，没有落实到位。所以，在制定《社会保险法》时要把审计机关对社会保险基金的审计列入其中，提高其执法效力，真正做到审计公开，让

---

① 郭健. 当前社会保障基金监管存在的主要问题及对策［EB/OL］. http://www.tld.gov.cn/dang.doc.

公众了解社会保险基金的管理情况。

（四）建立严格的岗位问责制，强化责任追究，对于违法行为给予重罚，打消各岗位人员的侥幸心理

要建立起问责机制，强化责任意识，高管人员指使办理不合规的事，各岗位职工坚决不办，并有畅通反映渠道；员工违规办理的，高管人员坚决制止。建立风险补偿机制，除不可抗力外，对人为因素造成社会保险基金的风险损失，要落实相关责任人，承担赔偿责任并给予重罚。对社会保险基金稽核的人员要实行检查责任终身制。无论哪一环节出现失误和事故，都要严格追究是哪一环节的责任，必须做到责任追究落实到部门和责任人，直接公开处罚到具体人，不能再出现“法不责众”和“集体承担或负责”之类的推卸责任、逃避监督的行为，打消违法行为人的侥幸心理。

我国《社会保险法》的立法目的是保障劳动者在年老、失业、患病、工伤、生育等情况下获得帮助和补偿，那么社会保险基金的安全和不受侵犯显得极为重要。值此《社会保险法》出台之际，建议立法者对加强社会保险的监督工作部分应作为重要内容予以规定，同时加大对执法力度的规定，完善法律制度，让法律的规定在实施过程中便于操作，避免有法律原则但无法律制度，有法律制度但无法律措施，有法律责任但无执行措施这样的尴尬局面。建议在认真总结我国社会保险实践中的正反经验、借鉴国际先进立法的基础上，早日出台《社会保险法》，对社会保

险基金的监管做出详细规定，并修改和完善与之配套的解释规章、规范性文件等。

注：本文选自《北京市劳动和社会保障法学会二〇〇七年年会会议材料》，作者：方富贵。

第二节　关于我国农民工医疗保障体系的探析

随着我国改革开放的不断深化，城市化、工业化、农业现代化进程逐步加快，农民工成为城市发展建设中一支不容忽视的生力军。然而，由于我国长期以来实行城乡二元制度以及其所衍生的二元社会保障体系，农民工因而成了在城市工作生活却享受不到城市社会保障待遇的特殊群体。作为游离于农村与城镇的中间群体，他们既面临着劳动力市场风险，同时又处于保障缺失状态，不稳定的工作和有限的收入使得他们付不起医疗费用。农民工群体“看病贵、看病难”的问题显得尤为突出，亟需基本医疗保障。

一、农民工医疗保障的现状

（一）绝大部分农民工处于无医保状态

目前，我国有2亿多农民工，根据国家劳动和社会保障部发布的信息，2008年计划农民工参加医疗保险人数将达到4000万人[①]。虽然绝对数量很大，但是相对于2亿多农民工的总人数

① 中国工会新闻网.今年力争使4000万农民工享有医疗保险［EB/OL］.（2008-02-29）. http://acftu. people.com.cn/GB/6939934.htm.

来说，参加医疗保险的还不到20%，也就是说绝大部分农民工，生了病仍然没有医疗保障。

在农村，新型农村合作医疗刚刚起步，许多地方的新型农村合作医疗对长年全家在外的农民工暂且忽略或放任不管，使他们享受不到新型农村合作医疗的实惠。在城市，很多雇主不愿为农民工购买工伤保险和医疗保险，使他们享受不到城镇职工基本医疗保险和大病救助待遇。农民工的医疗保险成了医疗保障“真空区”。

（二）基本医疗和大病救助保险是农民工最现实的需要

目前，我国农民工多集中在条件艰苦、污染较重的行业和城市基本建设、保洁家政、保安等收入相对较低的岗位上。事实上，农民工是城市中各类疾病的高发群体。农民工大都从事脏、累、险的工作，劳动强度大，工作时间长，居住和饮食条件差，是传染性疾病和心脑血管疾病的高发群体，健康状况处于危险之中，生命安全受到严重威胁。从这个角度看，农民工是最需要医疗保障的群体，然而这个最需要医疗保障的群体却游离在城市的社会保障体系之外。

我国城市中各大医院的医疗费用一直居高不下，看病难、看病贵，成为群众反映最多的问题，特别是对进城农民工这个特殊群体而言，高额医疗费支出对他们来说根本无法承受。在他们受到病痛侵扰时，多是因无钱看病而未能及时就医拖延了病情。调查显示，有36.4%的农民工生过病，13.5%的农民工生病在3次以上，生病后59.3%的人没有花钱看病，而是仗着年轻、体质好，硬挺过来。当然，他们不得不看病时，看病支出绝大部分也是自费，用人单位为他们支付的费用不足实际看病费用的1/12[①]，甚至有些用人单位不会为他们支付任何费用。农民工基本医疗和大病救助保险成为当务之急。

二、农民工医疗保障现状成因分析

（一）农民工医疗保障法制不健全

改革开放以来我国经济发展已经取得了质的飞跃，但现有的经济能力还不足以负担所有公民的医疗保险费用。目前，我国还没有一部完整的、系统的、全国性的关于农民工社会保障的法律，也没有针对农民工医疗保障问题出台相关的法律，有些用人单位钻法律的空子，剥夺农民工享受医疗保险的权利。相对地，农民工想要争取合理的医疗权益却没有相应的法律支持。

（二）农民工对医疗保险认识不够

农民工一般文化水平低，对医疗保险不了解，再加上他们一般年龄结构较轻，仗着自己年轻，身体好，认为没有必要参保，所以参保率非常低。农民工多数来自经济欠发达地区，从事一些收入微薄且又繁重的工作，家庭负担较重。较低的收入只能让他

① 李强.当前我国城市化和流动人口的几个理论问题［J］.江苏行政学院学报，2002（01）：61—67.

们应付日常生活中的基本需要，根本无暇顾及疾病风险，一旦发生重大疾病时才意识到参加医疗保险的重要性，但却为时已晚。医疗保险对于生活相对贫困、待遇较低的农民工来说，是一件奢侈品。他们最主要的问题是如何生存下去，而不是发展。有些农民工认为，办医疗保险还不如每月多发工资实惠。

（三）社会配套设施的缺失

劳动保障部门的监督力度不足，农民工医疗保险信息网络不健全，社会医疗救助体系不完善，对农民工参加医疗保险的宣传力度不够，缺少对管理农民工问题有经验的人力资源，这些问题导致农民工医疗保障落空的尴尬局面。

（四）参保门槛高、保障水平低

城镇居民医疗保险门槛高、负担重，导致农民工参保城镇居民医保的意愿不高。按照目前城镇居民医保国家试点地区平均缴费水平看，一般人均每年100～250元之间，并以家庭为单位缴费。这样的缴费水平和缴费方式不适合农民工工资水平和个体务工情况。

农民工群体所获得的医疗保障水平较低，以上海市施行的《外来从业人员综合保险暂行办法》为例，由于医疗保险只保大病住院，而对于年轻的农民工而言，生大病的概率基本为2%～3%，综合保险即使把医保单列，基金也是纯粹结余的。上海前两年已经为每个参保农民工提供每月20元的买药费。但据调查显示，生病之后20块钱买药根本解决不了什么问题。在目前上海的城保、镇保、农保、居保和综保中，农民工人群是医疗保障水平最低的人群。

（五）农民工流动性大，各地医疗保险缺乏对接

农民工的流动性很大，他们经常会在多个城市间流动，或者在城市工作几年后再回乡务农，而我国现行的医疗保险一般是县级或地级统筹，难以跨市跨省流动，如果跨市流动，就只能将个人账户取走，统筹账户留在原地，这就导致了以下几个问题的发生：一是农民工自己不愿意投保，怕缴钱不受益；二是为雇主不给员工参保提供了口实；三是导致了年底的退保高潮和反复参保、退保情况的发生；四是制约了他们更换工作地点后的续保。

三、农民工医疗保障的现有模式

（一）农民工综合保险体系

上海市为外来从业人员建立了专门的综合保险制度，而不是让其直接参加上海户籍从业人员的社会保险制度。外来从业人员综合保险包括工伤（或者意外伤害）保险、住院医疗保险和老年补贴（养老保险）三项。2005年4月，在不增加缴费成本的前提下，又在医疗保险项目中增加一项日常医药费补贴待遇。综合保险的缴费基数为上年度全市职工月平均工资的60%，缴费比例为12.5%。有用人单位的外来从业人员的保险费缴费完全由用人单位承担，外来从业人员个人不缴费。无单位的外来从业人员的

综合保险费完全由其个人缴纳。履行缴纳综合保险费义务的外来从业人员，可享受四项综合保险待遇。用人单位使用的外来从业人员，享受工伤、住院医疗、日常医药费补贴和老年补贴四项待遇；无单位的外来从业人员，享受意外伤害保险、住院医疗、日常医药费补贴和老年补贴四项待遇。

天津市劳动和社会保障局2008年出台《天津市农民工参加医疗工伤综合保险办法》。该规定适用于天津市行政区域内的城乡各类用人单位和与之建立劳动关系的农民工参加医疗、工伤综合保险。农民工参加医疗、工伤综合保险实行综合费率制度，具体标准为2%，由用人单位按月申报缴纳，农民工个人不缴费[①]。

（二）独立的农民工医疗保险体系

重庆市按照农民工大病医疗保险办法，用人单位按上年度全市职工月平均工资的1.5%缴纳农民工医疗保险费（其中1.4%用于建立医疗保险统筹基金，0.1%用于建立大额医疗费互助保险资金）。农民工本人只需要每月缴纳5元的大额医疗互助保险。这大大降低了企业和农民工的医疗保险负担，便于更多的企业和农民工参保。[②]

① 中央政府门户网站. 天津：农民工不缴费可享医疗工伤险［EB/OL］.（2008-08-19）. http://www.gov.cn/fwxwjk2008-08/19/content1074836.htm.

② 重庆市政府公众信息网. 重庆农民工大病医疗保险工作进展顺利》［EB/OL］.（2008-01-07）. http: //www.cq.gov.cn/wgk/ztxv91142.htm.

深圳市推出了劳务工合作医疗制度。农民工可以自愿选择参加住院医疗保险或合作医疗制度，缴费标准是每人每月12元，其中企业交8元，个人交4元。一般的感冒等病，以前看病动辄要花一两百元，现在10元就可以搞定。①

（三）农民工可选择的医疗保险体系

采用灵活方式，农民工既可以参加城镇医疗保险体系，又可以参加独立的农民工医疗保险体系。北京农民工缴费办法比较特殊。农民工保险缴纳办法具有可选性。一是可“先行办理工伤、医疗险”，也可以五险全上，养老、失业、生育保险比例与城镇职工一样，但农民工失业保险个人不缴费；二是医疗可以按照单位9%+个人2%+3元的“本市/外埠农村劳动力”缴纳，也可以按照单位2%个人不缴费的“本市/外埠农民工”缴纳。

（四）新型农村合作医疗制度

为了解决农民工外出务工期间的医疗待遇，一些劳动力输出大省采取了一些措施，农民工可以和农村的家人一起参加农村新型合作医疗。河南省信阳市，先后在北京、武汉、郑州等地建立了新农村合作医疗农民工定点医院，在这些医院就医的费用可以纳入新农村合作医疗的报销范围。

---

① 新华网广州. 广东省1140万农民工将享低门槛医保［EB/OL］.（2008-01-20）. http://gdxinhuanet.comnewscenter2008-01/20/content12270047.htm.

四、对农民工医疗保障现有模式的评析

（一）综合的农民工保险体系，使得农民工的医疗保险直接与其他社会保险相捆绑，在制度上为降低农民工的医疗费用提供了保证。上海市工伤（或者意外伤害）保险、住院医疗保险和老年补贴（养老保险）三项目的缴费比例高达12.5%，这使得雇主承受相当重的压力。为了获得更大的经济利益，雇主与农民工签订不合理的劳动合同，以此降低生产成本。在买方劳动力市场下，农民工也缺乏勇气为合法权益据理力争。天津市把工伤和医疗保险相捆绑，缴费比例也随之降低到2%，雇主能够接受。但这种模式不设立个人账户，这就使得农民工在流转到外地时无法将已缴纳的医疗保险带到新的流入地，为未来医疗保险接续设置了壁垒。

（二）独立的农民工医疗保险体系，将农民工的医疗保险与其他社会保险相分离，设置农民工个人账户。这种模式中，尽管农民工自己要负担小额的医疗保险费，但为未来农民工流转中，在新的流入地接续医疗保险提供了可能。

（三）农民工可选择的医疗保险体系，针对不同情况下的农民工，设立可选择的模式。这使得那些长期在城市里工作，有着相对稳定的职业、住所和收入来源的农民工有机会进入城镇医疗保险体系；而那些长期在外流动又想“落叶归根”的农民工，则可以选择独立的农民工医疗保险体系。这种模式的好处

是给农民工医疗保障模式的选择权，而不是盲目地搞一刀切。但这种模式的弊端是在选择参加独立的农民工医疗保险体系后，农民工没有个人账户，为未来在新的流入地接续医疗保险设置了壁垒。

（四）目前农民工医疗保险无法在全国范围内流转接续，信阳模式的新型农村合作医疗制度很值得借鉴。农民工可以在户籍所在地以家庭为单位参加新型农村合作医疗，在流入地的合作定点医院进行诊疗，之后回户籍地报销。这种模式解决了农民工面对高额医疗费的后顾之忧，但同时也存在着一个不可避免的问题，在流入地的医院里先行诊疗，诊疗费一般都会很高，对于收入微薄的农民工来说，面对大病很难拿出高额的医疗费用，等回到户籍地进行报销就又得一段时间，恐怕会因一时难以拿出高额诊疗费而贻误病情。

五、对未来我国农民工医疗保险制度发展的建议

（一）将农民工医疗保险与工伤保险捆绑，强制性参保。农民工医疗保险与工伤保险捆绑后，强制企业为农民工缴费。各地区可以根据实际情况决定个人是否缴费。为了避免个人不缴费，便不设立个人账户以致未来农民工流转时无法接续医疗保险的情况，建议那些不设立个人账户的地区，在未来农民工流转时，为流转的农民工设立个人账户，并将企业缴费部分乘以一定系数划归到个人账户内，以带到新的流入地接续农民工的医疗保险。

（二）采用灵活方式，由农民工根据自己的情况，自由选择参保方式，既可以参加城镇医疗保险体系，又可以参加农民工医疗保险体系。由农民工根据自己的实际情况进行选择，对于那些有着相对稳定的职业、住所和收入来源的农民工可以选择进入城镇医疗保险体系；而对于那些长期在外流动的农民工可以选择进入农民工医疗保险体系。当然，在个人账户的设置上可以参考以上的建议。

（三）大力推广新型农村合作医疗制度，鼓励在劳动力输入省份设立农村合作医疗的定点合作医院。对那些季节性农民工，由于只有农闲时才进城打工，而不是长时间居留在城市，他们主要收入来源靠从事农业生产，打工的目的只是为了赚取农业外收入补贴家用。因此，对于季节性农民工而言，在打工地的农村合作医疗的定点合作医院看病，拿到户籍地报销也不失为一种解决农民工医疗保障问题的良策。

（四）各地的医疗保险体系发展到一定程度时，制定全国性的医疗保险法，农民工医疗保险在全国范围内均可转移接续。目前，由于各地医疗保障体系发展得不平衡，无法制定全国性的医疗保险法。但各地应当根据实际情况，制定适合本地区发展的医疗保险条例，以使农民工医疗保险有立法保障。当各地的医疗保险体系发展到一定程度时，发展速度与经济水平相近的省份之间农民工的医疗保险可以相互转移接续。而后当全国各省份的医疗保险体系发展至具备可以在各省市转移接续的条件时，再制定全国性的医疗保险法，推动农民工医疗保险在全国范围内的转移接续。

注：本文选自《北京市劳动和社会保障法学会二〇〇八年年会会议材料》，作者：方富贵。

第三节　试论确认劳动关系纠纷中的焦点问题

确认劳动关系是保障劳动者其他合法权益的基石。确认劳动关系纠纷是指劳动者与用人单位就劳动关系定性问题发生的争议，如劳动关系是否存在、有效、终止，劳动关系与劳务关系的区分，双重劳动关系的处理等。2007年12月29日颁布的《中华人民共和国劳动争议调解仲裁法》第二条第一款将“因确认劳动关系发生的争议”纳入适用范围，这是我国法律第一次明确将“确认劳动关系”纳入劳动争议仲裁范围内。而2008年4月1日开始实施的新的《民事案件案由规定》中，又将确认劳动关系纠纷纳入非常具体的第四级案由中。这些足以说明我国立法和司法均对关于确认劳动关系纠纷案件的高度重视，也充分反映了此类案件数量之多及其复杂性。

一、劳动关系的概念及法律特征

我国法律法规没有给劳动关系予以明确的界定。学者则普遍认为劳动关系有广义和狭义之分。所谓广义的劳动关系是基于劳动所形成的一种社会关系。狭义劳动关系则指劳动者通过出让劳动力支配权给用人单位并获得劳动报酬，用人单位通过管理、支配使用劳动力，组织开展劳动并获取劳动成果，双方形成的关系即为劳动关系[①]。因广义的劳动关系在我国法律法规中直接运用较少，本文不作展开论述。

狭义的劳动关系是在《劳动法》《劳动合同法》中给予说明的，也是我国法律法规中通常使用的劳动关系。劳动关系的首要法律特征就是主体双方具有平等性和隶属性。劳动关系的双方当事人，一方是劳动者，另一方是提供生产资料的劳动者所在单位。在劳动关系成立前，劳动者与用人单位是平等的主体，对是否建立劳动关系以及建立劳动关系的条件、内容等问题，双方可在平等自愿、协商一致的基础上依法确定。劳动关系建立后，劳动者是用人单位的职工，处于提供劳动力的被领导地位；用人单位则成为劳动力使用者，处于管理劳动者的领导地位，双方形成领导与被领导的隶属关系。这一特征使劳动关系与民事关系的主体平等、行政关系的主体隶属特征相区别。其次，劳动关系具有国家强制性。劳动关系是以国家强制力作为保障手段的社会关系。国家强制力是否立即发挥作用，取决于劳动关系主体行为的性质；强行性规范而形成的劳动关系内容受国家法律强制力的直接保障，如不得使用童工。最后，劳动关系是在社会劳动过程中形成的关系。

---

① 黎建飞.规范用工，透视劳动立法［J］.法制与新闻，2007(9).

二、劳动关系存在的判断

（一）劳动关系成立的要件

一般而言，劳动关系的成立须满足以下三个要件：①主体合法。即劳动者和用人单位须符合法律、法规规定的主体资格，但目前用人主体日趋多元化，多种所有制企业并存；②程序合法。即劳动者与用人单位之间订立了书面的劳动合同；③内容合法。即劳动者与用人单位之间的劳动关系内容应当符合法律法规的规定。上述三个要件，是我国司法实践中判断劳动关系是否成立的标准。

（二）劳动关系的确立时间

2008年1月1日实施的《劳动合同法》第十条第三款规定："用人单位自用工之日起即与劳动者建立劳动关系。"也就是说，引起劳动关系产生的基本法律事实是用工，而不是订立劳动合同。即使用人单位没有与劳动者订立劳动合同，只要存在用工行为，该用人单位与劳动者之间的劳动关系即建立，与用人单位存在事实劳动关系的劳动者即享有劳动法律规定的权利。但是如果将用工前订立劳动合同双方关系认定为民事关系，那么双方就可以不必按照《劳动合同法》关于违约金等方面的禁止性规定进行约定，或者先签订带有"押金""违约金"等内容同时又不具备《劳动合同》必备条款的所谓《民事合同》，等到用工之日起换签符合劳动法规定的《劳动合同》。这显然使得劳动关系复杂化，不利于劳动者权益的保护，不符合劳动法保护劳动者的原则。由此可见，劳动关系的确立时间，应当以“身份的确认”时间和发生用工时间之间靠前的那一个时间为准。对于在用工之前订立书面劳动合同的情况，用人单位同劳动者之间当然是劳动关系，适用劳动法律法规调整。只是在用工之前因为劳动者尚未提供劳动，可以因此暂时免除用人单位的相应的部分义务。可见，《劳动合同法》关于劳动关系的确立时间并不准确，不利于劳动者权益的保护。劳动关系的确立时间应当以从属性合意时间与发生用工时间之间在前的时间为准，建立劳动关系而没有发生用工可以相应地暂时免除用人单位和劳动者部分义务。

（三）劳动关系的认定

劳动者与用人单位之间是否存在劳动关系是劳动者维护其权益的前提条件，所以，在确认劳动关系纠纷中，如何判断劳动者与用人单位之间存在劳动关系至关重要。虽然我国法律没有明确规定劳动关系存在的具体判断标准，但劳动部《关于确立劳动关系有关事项的通知》（劳社部发〔2005〕12号）第一条作出了明确的规定：“同时具备下列情形的，劳动关系成立。①用人单位和劳动者符合法律、法规规定的主体资格；②用人单位依法制定的各项劳动规章制度适用于劳动者，劳动者受用人单位的劳动管理，从事用人单位安排的有报酬的劳动；③劳动者提供的劳动是用人单位业务的组成部分。”这也是我国司法实践中认定劳动关系是否存在的主要依据。

（四）事实劳动关系的认定

现实生活中，由于劳动者的弱势地位或一些特殊原因，劳动者与用人单位之间没有签订书面劳动合同的用工现象越来越常见。这种没有书面劳动合同的情况，只要劳动者与用人单位之间符合劳动关系成立的其他要件，劳动者事实上已经成为用人单位的成员，并为用人单位提供有偿劳动，双方在实际工作中存在履行劳动权利、义务的事实状态，即形成了事实劳动关系，当然事实劳动关系也包括书面合同到期未续订的情况。事实劳动关系同样受到法律的保护，其具体表现为：①形式上，劳动者与用人单位没有签订书面劳动合同或书面劳动合同到期未续订；②实质上，劳动者为用人单位提供了劳动行为，接受了用人单位的管理，遵守用人单位的劳动纪律，获得了用人单位支付的劳动报酬等。对于事实劳动关系的认定，也应当按照劳动部《关于确立劳动关系有关事项的通知》（劳社部发〔2005〕12号）第一条的规定来进行判断。

三、劳动关系与劳务关系的区分

劳动关系是工业时代最基本、最重要的社会关系，是其他社会关系的基础。劳动关系与劳务关系并无本质不同，其区别主要在于与社会经济发展相联系的社会劳动政策的不同处理态度。

一般情况下，劳务（雇佣）关系是一般民事经济关系，属于私法调整的范畴，当事人只要具备相应的民事行为能力和权利能力即可，并按照意思自治原则自行约定双方的权利和义务。而劳动关系是不完全的契约关系，属于公法调整的范畴，劳动关系的当事人只能是具有劳动权利能力和行为能力的劳动者与用人单位，此外，国家法律对于劳动权利和义务有非常明确的规定，如社会保险、最低工资标准等，在法律规定的基础上，当事人可在平等自愿、协商一致的基础上约定额外的劳动权利和义务，作为法定权利和义务的补充。

四、双重劳动关系是否有效

所谓双重劳动关系，是指劳动者在同一时期不同的工作岗位上获得的双重劳动身份，即一身兼两职。双重劳动关系的出现与中国的计划经济体制有着极深的渊源，在计划经济体制下，劳动者由国家统一安排就业，到1980年8月，中共中央明确提出“在国家统筹规划和指导下，实行劳动部门介绍就业、自愿组织起来就业和自谋职业相结合”（简称“三结合”）的就业方针。这就意味着就业形式渐渐出现了自由化，一部分人有条件自己寻找工作岗位。而通过自己的努力找到工作岗位的劳动者并没有解决原来国家分配的工作，于是，这一批劳动者就具有了双重劳动关系。还有一批人是根据国家的特殊规定所产生，原劳动部在1996年的《关于实行劳动合同制若干问题的通知》中规定：“已享受养老待遇的离退休人员被再次聘用时，用人单位应与其签订书面协议，明确聘用期内的工作内容、报酬、医疗、劳保待遇等权利义务。”于是，这部分人成为国家明确保护起来的拥有双重劳动身份的劳动者。

现行法律并没有对双重劳动关系进行禁止性的规定，但是双重劳动关系不同于兼职，后者的范围更为宽泛，既包括存在两个劳动合同（包括事实劳动合同）也包括某些在保留一种劳动关系的前提下，所形成的另一种劳务合同关系。双重劳动关系是我国法律中的一个空白，既无明确禁止规定也无明确的允许规定，仅仅从某些侧面隐隐流露某种倾向。《劳动法》第九十九条规定：“用人单位招用尚未解除劳动合同的劳动者，对原用人单位造成经济损失的，该用人单位应当依法承担连带赔偿责任。”同时，原劳动部《关于合同制工人因双重劳动关系给企业造成经济损失的处理意见》规定：“用人单位招用尚未解除劳动关系的劳动者，如未给原用人单位造成经济损失，劳动合同有约定或用人单位规章制度有规定且不与法律法规相抵触的，按劳动合同的约定和用人单位的规章制度处理。”《劳动合同法》第三十九条规定：“劳动者有下列情形之一的，用人单位可以解除劳动合同：（四）劳动者同时与其他用人单位建立劳动关系，对完成本单位的工作任务造成严重影响，或者经用人单位提出，拒不改正的；”《劳动合同法实施条例》第十九条规定：“有下列情形之一的，依照劳动合同法规定的条件、程序，用人单位可以与劳动者解除固定期限劳动合同、无固定期限劳动合同或者以完成一定工作任务为期限的劳动合同；（五）劳动者同时与其他用人单位建立劳动关系，对完成本单位的工作任务造成严重影响，或者经用人单位提出，拒不改正的；（六）劳动者以欺诈、胁迫的手段或者乘人之危，使用人单位在违背真实意思的情况下订立或者变更劳动合同的。”

法律虽然赋予用人单位一定条件下的解除权，但并没有无效的规定。基于一个劳动者对应一个劳动关系的传统和现有社会保险的配套措施，目前对双重劳动关系是持否定的态度，审判实践中，一般对所谓的第二个劳动关系按照劳务关系来处理，在法理上采用第二个劳动关系无效故应按照劳务关系处理的观点，不能适用劳动法的有关规定，而只能适用民法的相关规定，因此也就得不到劳动法律中的劳动安全制度、最低工资标准、最高工时标准以及社会保险等方面的保护。由此可见，双重劳动关系法律规范的缺失是造成劳动者权益受损害的根本原因。

五、结语

综上分析，我国应从劳动立法上明确劳动关系的概念，明确承认双重劳动关系的合理性，将劳动者的第二重甚至第三重劳动关系都纳入劳动法的调整范围，不管该劳动关系是劳动合同关系还是事实劳动关系，这样才能真正贯彻劳动法的精神，保护劳动者的合法权益。同时，以司法解释的方式将《劳动合同法》第十条关于劳动关系的确立时间进行准确定位。这样，不但有利于我国司法实践的操作，更有利于劳动者权益的保护。

注：本文选自《北京市劳动和社会保障法学会二〇〇八年年会会议材料》，作者：方富贵。

第四节　如何理解用人单位的涉劳规章制度？

——从某酒店解除与洪某的劳动关系案件谈起

自2008年1月1日我国《劳动合同法》正式施行以来，其制度的创新与突破得到社会各界高度的关注，该法第四条规定了用人单位规章制度。其中用人单位规章制度中的涉劳规章制度与《劳动合同法》一样，共同肩负调整用人单位与劳动者之间劳动关系活动的责任。2009年笔者办理的某酒店解除与洪某的劳动关系所依据的就是用人单位酒店的涉劳规章制度中的规定，这就要求我们如何来理解用人单位的涉劳规章制度。本文试从涉劳规章制度的概念和特征，合法性、合理性以及理解产生歧义的处理三方面展开论述，以求证于大家。

一、基本案情

洪某原系某酒店客务部职工，职务为行李员。自1997年6月双方开始签订为期两年的固定期限劳动合同，双方最后一次签订劳动劳动合同时间为2007年6月30日至2009年6月30日。

2009年5月1日晨6点左右，洪某上夜班即将下班之际，私自到厨房偷吃水果，当时被送餐部的一个员工田某看到，田某提醒洪某："你别吃了，厨师来了会说你的。"洪某说："没事，我还敢拿呢。”随后洪某用酒店的手提袋装水果。装到半袋时，副总厨师长宋某进来看到，便说：“你干什么？”他把装有水果的手提袋从洪某手中要下，送到办公室并向酒店安全部报告，安全部分别向洪某本人、宋某、田某做了《谈话记录》。同时，洪某于5月4日分别用中、英文向酒店总经理写了《道歉函》，要求酒店给予一次机会，但不承认自己的行为属于偷窃行为。

2009年5月5日，酒店人力资源部向工会发出通知，告知与洪某解除劳动合同的理由并征求工会的意见。5月6日，酒店人力资源部依据《员工手册》中的《纪律处罚条例》第Ⅱ-20条（偷吃偷喝酒店的食品、饮品，违纪度数属于一级，按书面警告处理）及Ⅷ-56条（偷窃，违纪度数属于三级，按辞退处理）的规定，向洪某下发了解除劳动合同的通知，送到洪某手中并办理了《离店手续申请表》。

2009年5月25日，洪某向北京市劳动争议仲裁委员会申请仲裁，要求某酒店撤销解除劳动合同决定，继续履行劳动合同。

2009年7月9日，双方在北京市劳动争议仲裁委员会主持下进行了庭前仲裁调解，争议的主要焦点有两个：一是《员工手册》的规定是否合法？二是洪某的行为是否属于《员工手册》中的《纪律处罚条例》第Ⅷ-56条的偷窃行为？

用人单位涉劳规章制度是用人单位内部的“法律”，是现代公司治理的核心内容[①]。所以，如何理解用人单位的涉劳规章制度显得极为重要，本文从以下三个方面进行论述：

二、用人单位的涉劳规章制度的概念和特征

我国《劳动合同法》第四条[②]规定了用人单位劳动规章制度制定的法律依据，实际上把用人单位的规章制度所调整的事项分成了两类：一类是涉劳规章制度，一类是非涉劳规章制度[③]。涉劳规章制度是指直接涉及劳动者切身利益的事项，如劳动报酬、工作时间、休息休假、劳动安全卫生、保险福利、职工培训、劳动纪律以及劳动定额管理等规章制度。用人单位涉劳规章制度是用人单位制定并在本单位实施的组织劳动过程和进行劳动管理的规则，是用人单位和劳动者在劳动过程中的行为准则。司法实践中，劳动者与用人单位发生的劳动争议中涉及规章制度上的纠纷均为涉劳规章制度，故本文仅就用人单位涉劳规章制度展开论

---

① 宇秀春. 劳动规章制度是现代公司治理的核心［N］. 法制日报，2008-03-24.

② 《中华人民共和国劳动合同法》第四条："用人单位应当依法建立和完善规章制度，保障劳动者享有劳动权利和履行劳动义务。用人单位在制定、修改或者决定有关劳动报酬、工作时间、休息休假、劳动安全卫生、保险福利、职工培训、劳动纪律以及劳动定额管理等直接涉及劳动者切身利益的规章制度或者重大事项时，应当经职工代表大会或者全体职工讨论,提出方案和意见，与工会或者职工代表平等协商确定在规章制度和重大事项决定实施过程中，工会或者职工认为不适当的,有权向用人单位提出,通过协商予以修改完善。用人单位应当将直接涉及劳动者切身利益的规章制度和重大事项决定公示,或者告知劳动者。"

③ 王向前. 涉劳规章的"平等协商确定"属于劳资共决［C］. 北京市劳动和社会保障法学会2007年年会论文集，59.

述。用人单位涉劳规章制度主要有两大基本特征:

(一)法定性

法定性主要强调用人单位涉劳规章制度的法律地位、主要内容及修改程序、效力都由法律强制规定，用人单位不得违反。

(二)自治性

自治性主要体现在:其一，用人单位的涉劳规章制度作为一种行为规范，不是由国家而是由用人单位依法自行制定的，是用人单位与员工意思表示一致的结果；其二，用人单位的涉劳规章制度是一种法律以外的行为规范，作为用人单位的内部规章，其效力仅及于用人单位和相关当事人，而不具有普遍约束力。

正确把握用人单位涉劳规章制度以上的两大基本特征，是正确理解用人单位涉劳规章制度的基础，对于今后用人单位调整、修订涉劳规章制度也具有重要的指导意义。

三、用人单位涉劳规章制度的合法性、合理性

(一)程序上合法

根据我国《劳动合同法》第四条第二款、第三款、第四款的规定:“用人单位的规章制度直接涉及劳动者切身利益的，应当遵守以下三个程序：一是具体制定程序即应当经职工代表大会或者全体职工讨论提出方案和意见，与工会或者职工代表平等协商

确定；二是异议程序即在规章制度实施过程中，用人单位应当尊重工会和劳动者提出的意见，通过协商作出修改完善；三是告知程序即应当公示或者告知劳动者[①]。”而我国《劳动合同法》并没有限定公示的形式。根据司法实践，公示可以采取下述方式：职工手册、内部网站、邮件、规章公告栏、全体职工大会、学习讨论会、文件传阅、规章学习考试等形式。

上述三个程序确定了用人单位制定涉劳规章制度的法定程序，体现了职工参与企业民主管理的原则，体现了《劳动合同法》发展依靠人民、关注民生和保护劳动者的立法宗旨。如果用人单位制定的涉劳规章制度违反了这三个法定程序，如拒绝让职工代表大会讨论，拒绝与工会或者职工代表平等协商，不进行公示或者不告知劳动者等，则所制定的涉劳规章制度是违法和无效的。我们在程序上对合法性的理解和把握，对于判断用人单位涉劳规章制度的合法性、有效性具有重要作用。

（二）内容上合法、合理

内容合法是指用人单位的涉劳规章制度的内容必须严格遵守法律、法规中调整劳动关系的原则和要求，符合法律、法规和有关政策的具体规定。用人单位涉劳规章制度是用人单位意志的体现，其法律效力由国家法律赋予，而不是用人单位的意志所固有的，只有当用人单位的意志与国家意志相一致，用人

① 信春鹰主编. 中华人民共和国劳动合同法释义［M］. 法律出版社，2007：13—17.

单位的意志才能产生法律拘束力。因此，合法是用人单位涉劳规章制度具有法律效力的必备要件，否则，用人单位涉劳规章制度的内容就不具有法律效力。且最高人民法院《关于审理劳动争议案件适用法律若干问题的解释》第十九条明确规定，用人单位制定的规章制度，不得违反国家法律、行政法规及政策规定，否则不具有法律效力。《劳动合同法》第三十八条也规定，违反法律法规的规章制度无效，劳动者不仅可以随时通知用人单位解除劳动合同，如果给劳动者造成损害的，用人单位还要承担赔偿责任。因此用人单位涉劳规章制度的内容一定要合法，否则会导致用人单位的涉劳规章制度形同虚设，起不到应有的作用，成为一纸空文。

用人单位的涉劳规章制度在合法的前提下，合理性也是对用人单位的涉劳规章制度内容的“度”的要求。一般情况下，这种合理性有两个判断标准：一是一般人的合理标准，表现为被大多数人所认同；二是裁判合理标准即裁判者认为合理。是否合理属于自由裁量范围，最终由仲裁机构或者法院作出认定。

总之，用人单位拥有合法、合理的涉劳规章制度对于自身来说，可以视其为保护单位利益的内部“法律”，其作用贯穿于用人单位的整个用工过程，是用人单位行使管理权、合同解除权的重要依据。

四、关于职工和用人单位在涉劳规章制度上理解产生歧义的处理

本文案例中，主要的争议焦点之一是关于洪某的行为是否属于《员工手册》中《纪律处罚条例》第Ⅷ-56条的偷窃行为？笔者认为，可以按照我国《刑法》规定盗窃罪的相关理论，首先从证据上入手，洪某虽没有把水果带出酒店，但其有“用酒店手提袋装水果”的行为，已属偷窃既遂；其次，从工作职责及范围来看，厨房既不是洪某的工作地点，也不是他工作路过的地方，所以洪某具有偷窃的主观故意。这样就能够论证洪某的行为属于《员工手册》中《纪律处罚条例》第Ⅷ-56条的偷窃行为，酒店依此涉劳规章制度解除与洪某的劳动关系是合法的、正确的。

所以，在对用人单位的涉劳规章制度的条款发生歧义时，我们可以参照、借鉴其他相关部门法律理论进行理解，比如《合同法》第三十九条[①]规定的格式条款理论加以引导、阐述，按照不利于文本的提供者即用人单位进行理解；还有用人单位涉劳规章制度内容与劳动合同文本不一致，根据最高人民法院《关于审理

---

① 《中华人民共和国合同法》第三十九条第一款规定：“采用格式条款订立合同的，提供格式条款的一方应当遵循公平原则确定当事人之间的权利和义务，并采取合理的方式提请对方注意免除或者限制其责任的条款，按照对方的要求，对该条款予以说明。”

劳动争议案件适用法律若干问题的解释》（二）第十六条[1]规定："劳动者请求优先适用劳动合同约定的，人民法院应予支持。"

除此之外，笔者认为，在制定用人单位涉劳规章制度时要立意明确，文字严谨，遣词准确。起句立意明确，句之间相承相继，自然分明，结论须言尽意穷。同时也要注意涉劳规章制度有可操作性，这样可以减少、尽量避免理解上的偏差。法律调整的是普遍性的问题，不会面面俱到，用人单位应将法律法规具体化，最好规定到具体的行为、频次和程度，而过于原则、宽泛，操作性就会很差。例如：根据《劳动合同法》第三十九条第（二）项规定："严重违反用人单位的规章制度的"和第（三）项："严重失职，营私舞弊，给用人单位造成重大损害的"用人单位可以解除劳动合同，且不需要支付补偿金。但《劳动合同法》对于"严重违纪""重大损害"，不便做统一规定，用人单位须规定标准，否则用人单位对违纪劳动者处理无章可循。这就要求，用人单位在制定涉劳规章制度时，不但要考虑制定的合法性、合理性，还要必须考虑其周全与否，规定得明确详细，不能做出各种各样的理解。

注：本文选自《北京市劳动和社会保障法学会二〇〇九年年会会议材料》，作者：方富贵。

---

① 《最高人民法院关于审理劳动争议案件适用法律若干问题的解释》第16条规定："用人单位制定的内部规章制度与集体合同或者劳动合同约定的内容不一致，劳动者请求优先适用合同约定的，人民法院应予支持。"

第五节　试述我国劳动能力鉴定制度及其完善

劳动能力鉴定是对《中华人民共和国工伤保险条例》（以下简称为《工伤保险条例》）关于工伤保险待遇落实中的一个核心问题，基于目前职工和用人单位对劳动能力鉴定引发的争论和纠纷，本文试从以下三个方面进行研究分析，以期对劳动能力鉴定的制度进行解读和完善，对建立和谐稳定的劳动关系进行有效的指引。

一、劳动能力鉴定的概念与特征

劳动能力鉴定是指劳动能力鉴定机构对劳动者在职业活动中因工负伤或患职业病后，根据国家工伤保险法规规定，在评定伤残等级时通过医学检查对劳动功能障碍程度（伤残程度）和生活自理障碍程度做出的判定结论①。劳动能力鉴定是以国务院行政法规为依据，与医疗事故鉴定类似，一般被称为“类行政鉴定”②，但其又不同于行政行为，其鉴定机构是已由准行政性的议

① 原劳动和社会保障部《职工工伤与职业病致残程度鉴定标准》（GB/T 16180-2006）中的“术语和定义”。

② 唐正洪，雷勇. 对民事审判鉴定问题的讨论［DB/OL］.（2009-02-06）http://www.chinacourt.org/html/article/200902/06/343288.shtml.

事协调机构和临时机构[1]转变为人力资源和社会保障局下属的事业单位，依托专家组完成鉴定，对其鉴定结论不服不能通过行政复议或行政诉讼来救济，所以劳动能力鉴定只能称得上“准行政鉴定”。

劳动能力鉴定是在法定的机构依据法定的程序而展开的。《工伤保险条例》第二十四条规定：“省、自治区、直辖市劳动能力鉴定委员会和设区的市级劳动能力鉴定委员会分别由省、自治区、直辖市和设区的市级劳动保障行政部门、人事行政部门、卫生行政部门、工会组织、经办机构代表以及用人单位代表组成。劳动能力鉴定委员会建立医疗卫生专家库。列入专家库的医疗卫生专业技术人员应当具备下列条件：（一）具有医疗卫生高级专业技术职务任职资格；（二）掌握劳动能力鉴定的相关知识；（三）具有良好的职业品德。”而《工伤保险条例》第二十五条、二十六条规定了劳动能力鉴定的程序，即设区的市级劳动能力鉴定委员会收到劳动能力鉴定申请后，应当从其建立的医疗卫生专家库中随机抽取 3 名或者 5 名相关专家组成专家组，由专家组提出鉴定意见。设区的市级劳动能力鉴定委员会根据专家组的鉴定意见作出工伤职工劳动能力鉴定结论；必要时，可以委托具备资格的医疗机构协助进行有关的诊断。设区的市级劳动能力鉴

① 北京市人民政府。北京市人民政府关于议事协调机构和临时机构设置与调整有关事项的通知［EB/OL］.（2019-05-23）. http://www.beijing.gov.cn/zhengce/zfwj/zfwj/szfwj/201905/t20190523_72396.html.

定委员会应当自收到劳动能力鉴定申请之日起60日内作出劳动能力鉴定结论，必要时，作出劳动能力鉴定结论的期限可以延长30日。劳动能力鉴定结论应当及时送达申请鉴定的单位和个人。申请鉴定的单位或者个人对设区的市级劳动能力鉴定委员会作出的鉴定结论不服的，可以在收到该鉴定结论之日起15日内向省、自治区、直辖市劳动能力鉴定委员会提出再次鉴定申请。省、自治区、直辖市劳动能力鉴定委员会作出的劳动能力鉴定结论为最终结论。

基于上述规定，我们可以总结出劳动能力鉴定的如下特征：

（一）劳动能力鉴定机构的准行政性

《工伤保险条例》授权劳动能力鉴定委员会受理和处理鉴定申请，但该条例仅仅属于行政法规而非更高层次的法律，其组成人员由劳动保障行政部门、人事行政部门、卫生行政部门、工会组织、经办机构代表以及用人单位代表组成，这种联席会议的组织形式，决定了其具有一种先天的准行政色彩。

（二）劳动能力鉴定的专业性

劳动能力鉴定程序作为一种程序，权威在秩序中的地位和作用更加突出。劳动能力鉴定更多体现的是医疗专家的专业水平和职业道德的结合，威信因素大于权利因素。[①]劳动鉴定委员会从其建立的医疗卫生专家库中随机抽取3名或者5名相关专家组成

① 郑尚元. 工伤保险法律制度研究［M］. 北京大学出版社，2004：105.

专家组，由专家组提出鉴定意见，这些专家组成员具备专业知识、技能和经验，能对专门的问题做出分析认定，具有明显的专业性。

（三）劳动能力鉴定程序的终局性

《工伤保险条例》第二十五条、二十六条规定了“申请鉴定的单位或者个人对设区的市级劳动能力鉴定委员会作出的鉴定结论不服的，可以在收到该鉴定结论之日起15日内向省、自治区、直辖市劳动能力鉴定委员会提出再次鉴定申请。省、自治区、直辖市劳动能力鉴定委员会作出的劳动能力鉴定结论为最终结论”。

我国设定两级鉴定委员会的主要目的是保证劳动能力鉴定在程序上的科学性和公正性，但这种救济途径在申请再次鉴定后就是终局性的，不可再提出鉴定，也不可提起行政复议或行政诉讼。该鉴定为终局结论，对相关部门和个人产生法律拘束力，具有明确的终局性。

（四）劳动能力鉴定作为证据，其证明力不强

作为一种必要的证据方法，一种特殊的证据形式，劳动能力鉴定作为证据的取得必须符合我国证据规则的要求，与案件的待证事实必须具备真实性、合法性、关联性，要经过双方当事人的质证，法院认真审查其证明力才可以作为定案的证据来使用。但由于劳动能力鉴定缺乏相关的内容，双方当事人无法进行有效的类似于对司法鉴定的质证，导致劳动能力鉴定作为

证据对待证事实的强弱，只能靠法官的自由心证来作出判断，与其他种类的证据相比，不具备必然的优势证明力，显得其证明力不强。

（五）劳动能力鉴定不具有行政复议性或可诉性

劳动能力鉴定机构虽具有准行政性，但是劳动能力鉴定机构出具的劳动能力鉴定不具有行政复议性或可诉性。我国《劳动和社会保障行政复议办法》第五条第（二）项规定："对劳动鉴定委员会作出的伤残等级鉴定结论不服的不适用行政复议。"依此可以确定劳动鉴定委员会作出的伤残等级鉴定不属于劳动和社会保障机关可复议的具体行政行为的范畴。同时，劳动能力鉴定委员会是由许多部门派员参加而组成的，不是一个行政部门的内部机构。因此，劳动能力鉴定不是行政部门的行政决定，不属具体行政行为，不能提起行政复议或行政诉讼。

二、我国劳动能力鉴定制度存在的问题

（一）劳动能力鉴定不符合我国人民法院对鉴定书的审查要求

根据《民事诉讼法》第六十条规定："证据有下列几种：（一）书证；（二）物证；（三）视听资料；（四）证人证言；（五）当事人陈述；（六）鉴定结论；（七）勘验笔录。以上证据必须查证属实，才能作为认定事实的根据。"劳动能力鉴定不是行政行为，在民事诉讼中只起到证据的作用，在证据分类上当属"鉴定结论"。

最高人民法院出台的两个证据司法解释中即《关于行政诉讼证据若干问题的规定》第三十二条和《关于民事诉讼证据的若干规定》第二十九条均规定，人民法院或审判人员对鉴定书应当审查是否具有下列内容：“（一）鉴定的内容；（二）鉴定时提供的证据；（三）鉴定的依据和使用的科学技术手段；（四）鉴定的过程；（五）明确的鉴定结论；（六）鉴定部门和鉴定人资格的说明；（七）鉴定人及鉴定部门签名盖章。”而当前劳动能力鉴定内容只有鉴定结论书名称及编号、被鉴定人情况、用人单位名称、鉴定结论、鉴定委员会盖章、鉴定结论书出具日期等，与最高人民法院对于鉴定书的要求相差甚远，鉴定时提交的相关材料、鉴定人资格、鉴定的科学技术手段、鉴定人的签名都没有，这如何质证、如何采信呢？而上述的两个证据的司法解释中均规定“内容欠缺或者鉴定结论不明确的，人民法院可以要求鉴定部门予以说明、补充鉴定或者重新鉴定”。这对于当前的劳动能力鉴定机构来说，显然是很难做到的。

（二）诉讼中当事人不服劳动能力鉴定提出司法鉴定申请

在诉讼过程中，当事人不服劳动能力鉴定委员会的劳动能力鉴定提出司法鉴定申请，人民法院会根据最高人民法院《关于审理劳动争议案件适用法律若干问题的解释（二）》中的规定“劳动者对劳动能力鉴定委员会的伤残等级鉴定结论或者职业病诊断鉴定委员会的职业病诊断鉴定结论的异议纠纷”不属于劳动争议，故当事人就不能另行提起诉讼。

司法实践中，人民法院会根据当事人的申请委托有资质的司法鉴定机构就诉讼中所涉及的医疗卫生专门技术问题进行法医临床司法鉴定，这样在整个劳动争议诉讼过程中就可能产生司法鉴定审查劳动能力鉴定的局面，将会出现劳动能力鉴定经省级劳动能力鉴定后为终局的尴尬局面。

三、完善我国劳动能力鉴定制度之思考

我国当前实行的是“一裁二审”的劳动争议解决机制，劳动能力鉴定事关受害职工的权益，也关系到用人单位、保险机构的利益，是解决工伤保险待遇纠纷的核心问题之一。在面对我国劳动能力鉴定制度存在的问题时，笔者有一个大胆的设想，就是废除原有的劳动能力鉴定制度，废除劳动能力鉴定机构的设置，将该项鉴定委托司法鉴定机构来解决，不但会提高鉴定的效率，也会提高劳动争议解决的效率。但在目前的体制下，劳动部门是不会轻易同意的。那么，在保持现有的劳动能力鉴定制度下，我们又可以进行哪些完善呢？笔者认为可以从以下四个方面考量：

（一）取消劳动能力鉴定委员会的分级设置，明确其定位

根据《工伤保险条例》第二十四条规定，目前以设区的市级和省级成立劳动能力鉴定委员会，这种设置因设立级别不同而效力不同，无异于视两组专家的科学水平高低有别，与劳动能力鉴定的核心是医疗卫生专门技术相矛盾。劳动能力鉴定机构只是鉴定的组织者和服务机构，鉴定意见应以医疗专家组作出的为最后

意见，不应因级别不同而效力不同。

（二）将鉴定结论的表述改为鉴定意见

我们知道：当前劳动能力鉴定内容只有鉴定结论书名称及编号、被鉴定人情况、用人单位名称、鉴定结论、鉴定委员会盖章、鉴定结论书出具日期等，与最高人民法院对于鉴定书的要求相差甚远，应当完善其内容，将其名称改为鉴定意见，并写明鉴定时提交的相关材料、鉴定人资格、鉴定的科学技术手段、鉴定人的签名及其职称等内容，劳动能力鉴定机构的盖章仅仅起认证的作用。

（三）提高劳动能力鉴定委员会的开办资金

根据《司法鉴定机构登记管理办法》第十四条规定："司法鉴定机构的设立要有不少于二十万至一百万元人民币的资金。"而对劳动能力鉴定委员会的开办资金没有明确的要求，例如北京市劳动鉴定中心开办资金仅仅为人民币十万元，这会导致劳动能力鉴定机构使开办资金尽可能少，以减少其承担法律责任的能力。

（四）缩短鉴定的期间

现行劳动能力鉴定期间为自收到劳动能力鉴定申请之日起60日内作出劳动能力鉴定结论，必要时，作出劳动能力鉴定结论的期限可以延长30日。鉴定期间过长，不利于保护受害职工相应的权益，也不利于及时解决工伤保险待遇纠纷。这里可参照《司法鉴定程序通则》，将劳动能力鉴定期间修改为自收到劳动能力鉴定申请之日起30日内作出劳动能力鉴定结论，涉及疑难、复杂、特殊的技术问题或检验过程需要较长时间的，经劳动能力鉴定委员会批准，可以延长30日。

注：本文选自《北京市劳动和社会保障法学会二〇一〇年年会会议材料》，作者：方富贵。

第六节　试论未签订劳动合同二倍工资的四个问题

我国《劳动合同法》第八十二条第一款规定："用人单位自用工之日起超过一个月不满一年未与劳动者订立书面劳动合同的，应当向劳动者每月支付二倍的工资。"上述规定是我国《劳动合同法》中有关二倍工资罚则的来源。随着我国《劳动合同法》的实施，二倍工资罚则成了劳动争议案件中数量较大的一类，在司法实践中存在着不同的理解与争议。本文试从以下四个方面进行论述：

一、二倍工资的性质

我国《劳动合同法》第八十二条第一款规定，未签订劳动合同的二倍工资是用人单位不履行与劳动者签订劳动合同的法定义务，侵犯劳动者权益所应承担的侵权法律责任。把它放在了"法律责任"章节中，属于对用人单位的惩罚性规定；其立法目的是通过赋予劳动者二倍工资的请求权，达到增加用人单位的违法成本，从而减少用人单位的违法行为，促使用人单位增强法律意识，与劳动者签订书面劳动合同。该二倍工资并不是基于劳动者付出劳动而直接产生的工资，而是一种惩罚性的赔偿，补偿受害人所遭受的物质和精神损失。

劳动报酬则是劳动者付出劳动，作为一种对价由用人单位向劳动者支付的报酬。因此，不能简单地将《劳动合同法》规定的二倍工资与劳动者通过正常劳动获得的工资等同起来。从性质上来讲，未签订劳动合同的二倍工资具有惩戒性赔偿金的含义，其不属于劳动报酬，不宜认定为工资。

二、二倍工资的时效

我国《劳动争议调解仲裁法》第二十七条规定："劳动争议申请仲裁的时效期间为一年。仲裁时效期间从当事人知道或者应当知道其权利被侵害之日起计算。"该条第四款特别规定："劳动关系存续期间因拖欠劳动报酬发生争议的，劳动者申请仲裁不受本条第一款规定的仲裁时效期间的限制；但是，劳动关系终止的应当自劳动关系终止之日起一年内提出。"

如前所述，二倍工资的性质属于惩罚性赔偿，并非用人单位拖欠劳动者的劳动报酬。从法律事实上看，用人单位已经足额发放了劳动报酬，并不存在用人单位拖欠劳动报酬的法律事实。从立法本意上看，二倍工资的性质并非劳动者提供正常劳动所获得的一种劳动报酬，其超出双方约定的劳动报酬的部分是因用人单位未按法律规定与劳动者签订书面劳动合同而应承担的法定责任，其中一倍是正常出勤的劳动报酬，另外一倍工资是用人单位应当承担的一种惩罚性赔偿。鉴于二倍工资的性质，二倍工资的时效不应适用特殊时效，而应当适用为期一年的一般时效，从当事人知道或者应当知道其权利被侵害之日起计算。

三、二倍工资的计算期间

根据用人单位与劳动者建立劳动关系的是否为初次建立劳动关系，用人单位未与劳动者签订书面劳动合同的情况分为以下两个类型：

（一）初次建立劳动关系时，用人单位未与劳动者签订书面劳动合同，这其中又包括用人单位自用工之日起超过一个月不满一年、超过一年未与劳动者签订书面劳动合同

1.用人单位自用工之日起超过一个月不满一年未与劳动者签订书面劳动合同

根据我国《劳动合同法实施条例》第六条规定："用人单位自用工之日起超过一个月不满一年未与劳动者订立书面劳动合同的，应当依照《劳动合同法》第八十二条的规定向劳动者每月支付二倍的工资，并与劳动者补订书面劳动合同；劳动者不与用人单位订立书面劳动合同的，用人单位应当书面通知劳动者终止劳动关系，并依照《劳动合同法》第四十七条的规定支付经济补偿。

前款规定的用人单位向劳动者每月支付二倍工资的起算时间为用工之日起满一个月的次日，截止时间为补订书面劳动合同的前一日。"

该规定中，用人单位自用工之日起超过一个月不满一年未与

劳动者订立书面劳动合同的，法律后果有二：一是用人单位应当向劳动者每月支付二倍的工资，两倍工资计算的起止时间为自用工之日起满一个月的次日至补订书面劳动合同的前一日，即最长不超过11个月；二是与劳动者补订书面劳动合同。

2. 用人单位自用工之日起超过一年未与劳动者签订书面劳动合同

根据《劳动合同法实施条例》第七条规定："用人单位自用工之日起满一年未与劳动者订立书面劳动合同的，自用工之日起满一个月的次日至满一年的前一日应当依照《劳动合同法》第八十二条的规定向劳动者每月支付二倍的工资，并视为自用工之日起满一年的当日已经与劳动者订立无固定期限劳动合同，应当立即与劳动者补订书面劳动合同。"

该规定用人单位自用工之日起超过一年未与劳动者订立书面劳动合同的，法律后果有二：一是二倍工资计算的起止时间为自用工之日起满一个月的次日至满一年的前一日，但不是一直支付至实际订立合同时止，而是到法律拟定的事实"视为已经订立无固定期限劳动合同"之日止，即最长不超过11个月；满一年后，视为已经订立无固定期限劳动合同，不宜再适用《劳动合同法》第八十二条第二款的规定对企业进行二倍工资的惩罚赔偿，否则就过度保护了劳动者的利益，对于企业来说，显失公平，亦违背了立法的本意。二是视为自用工之日起满一年的当日，用人单位已与劳动者订立无固定期限劳动合同，应当立即与劳动者补订书面劳动合同。

（二）非初次建立劳动关系，即原劳动合同期满后，用人单位未与劳动者签订书面劳动合同

2009年8月17日，北京市高级人民法院、北京市劳动和社会保障局《关于劳动争议案件法律适用问题研讨会会议纪要》第二十八条规定：“劳动合同期满后，劳动者仍在用人单位工作，用人单位超过一个月未与劳动者订立书面劳动合同的，应当依照《劳动合同法》第八十二条的规定，向劳动者支付双倍工资。双倍工资的计算基数应以相对应的月份的应得工资为准。”

劳动合同期满后，意味着原劳动合同自然终止。如果劳动者仍然在原用人单位工作，此时的用工是一种重新用工行为，实际上双方建立了新的劳动关系，不能认定为原劳动合同自动延续，双方应在一个月内续签书面劳动合同，否则，适用《劳动合同法》第八十二条规定的二倍工资罚则。

但是，劳动合同期满，如果出现了我国《劳动合同法》第四十五条规定的法定延续的情形即：“（一）从事接触职业病危害作业的劳动者未进行离岗前职业健康检查，或者疑似职业病病人在诊断或者医学观察期间的；（二）在本单位患职业病或者因工负伤并被确认丧失或者部分丧失劳动能力的；（三）患病或者非因工负伤，在规定的医疗期内的；（四）女职工在孕期、产期、哺乳期的；（五）在本单位连续工作满十五年，且距法定退休年龄不足五年的；（六）法律、行政法规规定的其他情形。”

致使劳动合同延续的，用人单位是否需要与劳动者订立书面劳动合同？不订立书面劳动合同是否要支付双倍工资？这一点法律也未予明确。但从我国《劳动合同法》第七条、第十条的规定来看，只要用人单位用工，就与劳动者建立了劳动关系。建立劳动关系，就必须订立书面劳动合同。所以，亦应适用《劳动合同法》第八十二条规定的二倍工资罚则。

另外，还有一种特殊情形是原劳动合同到期后未及时续签，但是后来“补签”或“倒签”了书面劳动合同。在这种情况下，公司是否仍需支付原来未订立书面劳动合同期间的二倍工资差额呢？目前亦尚无明确规定。笔者认为，如果有确实、有效的证据证明该“补签”或“倒签”行为系由于劳动者的过错或其他因为劳动者的原因所致，可以考虑不支持劳动者要求支付二倍工资的诉请，否则，无论后来“补签”或“倒签”的书面劳动合同是否涵盖期满后的全部劳动关系之期间，公司都应当向劳动者支付二倍工资。

四、二倍工资的计算基数

我国《劳动合同法》未明确规定二倍工资计算的基数，而用人单位工资的发放，情况错综复杂，因此也产生了争议：“工资”是指未签订书面劳动合同期间的所有收入，还是提供正常劳动的所得呢？先让我们来看看，我国关于“工资”的有关规定：

第一，1995年劳动部《关于贯彻执行<劳动法>若干问题的意见》第五十三条规定“劳动法中的‘工资’是指用人单位依据国家有关规定或劳动合同的约定，以货币形式直接支付给本单位劳动者的劳动报酬，一般包括计时工资、计件工资、奖金、津贴和补贴、延长工作时间的工资报酬以及特殊情况下支付的工资等。‘工资’是劳动者劳动收入的主要组成部分。”

第二，1994年印发的《工资支付暂行规定》第三条规定：“本规定所称工资是指用人单位依据劳动合同的规定，以各种形式支付给劳动者的工资报酬。”

第三，国家统计局1990年发布的《关于工资总额组成的规定》第四条规定：“工资总额由下列六个部分组成：（一）计时工资；（二）计件工资；（三）奖金；（四）津贴和补贴；（五）加班加点工资；（六）特殊情况下支付的工资。”

根据以上规定，工资包含了奖金、提成、津贴和补贴等，换句话说，奖金、提成、津贴和补贴等是工资的组成部分。以北京、上海、深圳就二倍工资的计算基数的规定为例，存在着一定的差异性，比如：2009年8月17日，北京市高级人民法院、北京市劳动和社会保障局《关于劳动争议案件法律适用问题研讨会会议纪要》第二十八条规定：“双倍工资的计算基数应以相对应的月份的应得工资为准。”上海市第二中级人民法院《2009年二中院辖区工作会议综述》中则认为：“考虑到工资与收入是两个不同的概念，目前对双倍工资罚则的运用原则上应该主要以正常出勤工资为准（不包括风险性、福利性的补贴），但不排除个别特殊情况。”而2010年3月的《深圳市劳动争议仲裁、诉讼实务座谈会纪要》规定:《劳动合同法》第八十二条规定的“二倍工资”中加付的一倍工资是指包括加班工资在内的所有应发工资。

上述三地就二倍工资计算基数的规定不同，导致司法实践中存在差异，虽然都有各自的合理性，但是笔者比较赞成上海的规定，以正常出勤工资为准，因为这样的工资标准，相对来说比较固定。如果把提成等纳入二倍工资计算基数并不符合《劳动合同法》第八十二条的立法目的，导致显失公平的结果，并不利于“和谐稳定的劳动关系”的建立。

本文是笔者的一点粗浅认识，希望立法机构或最高人民法院出台相关的解释，统一对二倍工资的执法尺度，做到裁审一致，维护法律尊严，真正实现我国《劳动合同法》“构建和发展和谐稳定的劳动关系”的立法宗旨，为我国构建和谐社会发挥更大的作用。

注：本文选自《新形势下劳动工资制度研究暨全国律协劳动和社会保障法专业委员会2011年年会材料》，作者：方富贵。

第七节　浅议股票期权激励制度

股票期权是指企业资产所有者对企业经营者实行的一种长期激励的报酬制度。股票期权激励是指权利人依据法律规定和协议约定在企业中享有全部或部分股东权益的权利，是对公司未来增值收益的一种公平分配，是长期激励的一种实现形式。有些企业，已把股票期权激励制度作为企业薪酬体系的组成部分，通过公司员工对股权的拥有，建立所有者与员工之间在所有权、管理权、经营收益、公司价值以及事业成就等方面的分享机制，形成所有者、公司与员工之间的利益共同体，激励员工的工作积极性和主动性，促使企业稳健、快速发展。

现代企业理论和国外实践证明股票期权激励制度对激励保留人才、提升管理效率、增强公司凝聚力和市场竞争力起到非常积极的作用。

一、股票期权激励制度概述

期权原属经济学范畴中的一个专用名词。《经济百科辞典》是这样定义的："期权是一种可在一定日期，按买卖双方所约定的价格，取得买进或卖出一定数量的某种金融资产或商品的权利。"而股票期权起源于美国。关于股票期权的诞生，一种说法是在1952年，当时的美国辉瑞公司为了合理避税，首先尝试性地推出了面向公司全体雇员的股票期权计划；另一种说法是在1952年，由于美国的税收呈上升趋势，个人所得税边际税率已经增至92%，员工的工作积极性受到极大挫伤，面对这种情形，美国菲泽尔公司推出了一个面向公司全体雇员的股票期权计划。尽管上述说法不同，但是我们可以看出，股票期权作为一种对公司雇员的长期薪酬激励制度最初产生于20世纪50年代的美国。

股票期权制度最初是从员工持股计划运动衍变而来。员工持股计划是由经济学家、律师路易斯·凯尔索在20世纪60年代首先提出来的。员工持股计划的主要理论是：在正常的市场经济运行的条件下，任何人不仅通过他们的劳动获得收入，而且还必须通过资本获得收入，这是人的基本权利。这种制度使任何人都可以获得两种收入，即劳动收入和资本收入。而股票期权制度在员工持股计划上有了更进一步的发展，尤其体现在员工激励方面。同时，股票期权制度作为企业一项新的金融创新，在美国、日本等大多数发达国家得到成功实践和推广。

二、股票期权激励制度存在的必要性

一般情况下，薪酬体系的组成包括基本工资、年度奖金、福利和特殊津贴和长期激励四个部分。其中，股票期权是长期激励的一种重要形式。

股票期权激励制度实现了所有者、企业与员工之间的利益共同体和利益捆绑，企业不断吸引并留住优秀人才。如果企业在没有资金流出的情况下，通过市场实现对员工的激励，有利于降低企业的代理成本，也使员工更加重视企业的长远发展，矫正经营者的短视行为，而且还有利于优化股权结构，促进公司法人治理结构的完善，并有利于培育职业经理人阶层，实现公司治理所要求的利益均衡机制。

日本企业界在20世纪90年代研究如何学习并引入股票期权激励制度。比如，1995年，日本索尼公司成为首家引入股票期权激励制度的公司。他们很少解雇职员。企业通过股票期权激励，尽量满足员工生活安定感，以达到激发他们工作热情的目的，同时让员工明白个人待遇的获得，是通过集团总体赢利的提升来达到的。所以，企业并不追求即时偿付和经常性的分红增长，更倾向于股票期权这种长期激励。

我国改革开放30多年来，尽管企业所有者激励制度的设计也不少，如承包、租赁、奖金等，但这些制度都是着眼于短期激励，企业缺乏长期发展后劲，最终大多都出现严重的亏损；相比之下股票期权激励制度能够在较大程度上规避传统薪酬分配形式的不足，满足中国现代企业制度建立和完善的客观要求，有助于企业实现长远的经济利益，所以，股票期权制度有其存在的必要性，这亦是现代公司发展的必由之路。

三、我国股票期权激励制度存在的问题

股票期权激励作为我国新型的企业治理机制的组成部分，自2002年9月17日国务院办公厅颁布《关于国有高新技术企业开展股权激励试点工作指导意见》（国办发〔2002〕48号）开始至今，股票期权激励制度在我国不到十个年头，我国的公司法、证券法、税法等法律体系还未对这种新的社会经济现象予以规范和保护，现行法律还存在着一些障碍。我国的股票期权与真正的股票期权还有着较大的区别，我国股票期权激励制度存在如下的问题：

（一）目前我国《公司法》《证券法》等法律虽然涉及股票期权激励制度，但存在诸多的法律障碍

目前，我国主要的法律障碍是实行股票期权的股票来源和股票期权的行权与出售问题。从国际惯例来看，企业股票期权计划中的股票，主要通过增发新股和回购本公司股票来实现，但在我国这两个渠道都受到限制。比如《公司法》第一百四十九条规定："公司不得收购本公司的股票，但为减少公司资本而注销股份或者与持有本公司股票的其他公司合并时除外"，这就极大地限制了股票期权计划的股票来源。同时《公司法》第八十三条亦规定除发起人认购股票外，"其余股票应当向社会公开募集"，上市公司新发行的股票应向原股东配售或向社会公开募集，公司一般不得留置，由此限制了公司通过发行新股获取股票来源。另

外，《公司法》第一百四十七条规定：“公司董事、监事、经理应当向公司申报所持有的本公司股份，并在任职期间内不得转让。”

由此可见，除非受益人在行权之后离开公司，否则由于其在公司中的特殊地位，其所获得的公司股票只能在有限的范围内进行有条件的转让，极大地限制了股票期权的行权与出售，因而制约了其激励作用的发挥。

（二）我国税收和会计制度滞后

美国税法将股票期权分为两种类型，一种是激励性股票期权，这种股票期权的设计应符合美国国内税收法规的优惠规定，可以获得税收优惠的待遇。另一种是非限定性股票期权，在期权持有人行权后要立即纳税，税率适合个人收入所得税。而我国的税法根本没有考虑到对股票期权的调节，税法没有任何保护或激励股票期权的条款。国家税务机关在其针对股票期权受益人收益方面反而更加强调征收个人所得税。国家税务总局《关于股权激励有关个人所得税问题的通知》（国税函〔2009〕461号）第一条明确“关于股权激励所得项目和计税方法的确定：根据个人所得税法及其实施条例和财税〔2009〕5号文件等规定，个人因任职、受雇从上市公司取得的股票增值权所得和限制性股票所得，由上市公司或其境内机构按照‘工资、薪金所得’项目和股票期权所得个人所得税计税方法，依法扣缴其个人所得税。”对通过执行购股权和转让所获股票而实现的收入，都要按照个人所得来征税，税收多少按实现收入的多少，套用规定税率去计算，在累进税率制度下，如果一次实现收入过高时，税率也相应提高，则股票期权的激励作用必然弱化，甚至消失。

同时，我国在会计制度建设方面还比较滞后，加上股票期权的推行刚刚起步，亦没有相关的会计准则和规定，企业难以对此类业务进行较为恰当的会计处理，实际上也必然影响到企业的实际损益和股票期权激励计划的有效实施。

（三）股票期权争议的性质目前未形成统一的定性

股票期权相关争议主要集中在两个方面：一是，员工与公司就期权的授予、成熟、行权等条件发生争议；二是，员工离职后，要求公司兑现股票期权收益或赔偿损失，或要求公司给付相关股票或交付股票证书并办理登记手续。解决上述争议过程中所面临的首要问题是，股票期权争议到底是劳动争议，还是普通民商事争议。

对于股票期权争议的性质，司法实践中目前尚未形成统一的标准。

认定股票期权争议属于劳动争议的，主要有以下三点考虑：一是期权实质上仍为劳动者提供劳动的对价，属于劳动报酬、福利待遇的一部分。即使根据《国家统计局关于工资总额组成的规定》《劳动法》对于工资性质的认定，可以明确期权不属于工资，但实践中部分法官仍将期权认定为以非货币形式支付的福利待遇，或具有经济性福利的薪酬，其最终收益仍是以法定货币形式实现。二是期权的授予、成熟及退出均与劳动关系密不可分，体现了劳动者接受用人单位管理、约束和激励的劳动关系典型特征，属于履行劳动合同过程中产生的争议。三是根据相关文本（如《聘用信》《薪酬调整通知》等）推知期权授予及获得与劳动关系的确立和履行具有密切关系。

认定股票期权争议不属于劳动争议的，主要有以下两点考虑：一是期权的对价并非劳动合同中规定的劳动义务的履行，而是更高要求的责任和义务承担，包括但不限于远高于普通劳动者的忠诚度、劳动质量、劳动成果等，涉及的财产性收益并非员工的工资、奖金、福利等劳动报酬。二是期权的获得主体并非广泛的全体劳动者，期权的授予并非基于劳动合同，双方在期权授予协议中构建的权利义务亦不属于劳动合同中的权利义务。

股票期权作为一种新兴的正在被逐渐广泛应用的公司治理工具，其实施过程中的相关争议处于劳动法律和民商事法律的交叉领域，现实中对于争议定性存在不同判断。由于管理实践的复杂性和动态发展性，对于股票期权案件短期内很难在立法层面形成一般定性。

四、解决我国股票期权激励制度有关问题的建议

（一）建立健全相关的法律法规，实现制度性保障

针对我国目前法律制度上存在的上述障碍，立法部门在修改《公司法》时，应该考虑到我国建立股票期权制度的需要，增加库存股票的相关规定，而且库存股票应该允许公司回购发行。并

对股票期权的授权机构、授予对象、授予数量、有效期与等待期、行权价格、行权方式等问题作出明确规定。

在修改《证券法》时，应给实施股票期权制度中的股票流通留有一定的空间，即在遵守“内幕交易”条款的前提下，适当放宽对股票期权人股票流通的限制，同时可允许给予股票期权人以信贷支持，以解决他们的行权资金问题。

在修订《税法》时，首先应考虑运用税收优惠支持股票期权制度的建立，其次才是规范股票期权所得如何纳税，包括纳税时间、减免税、税率等规定。对于股份公司真正意义上的股票期权计划，个人行权时应免交个人所得税，只有等到出售行权获得股票时，才需按照售价与行权价的差额交纳资本利得税和印花税。在资本利得税尚未开征之前，可考虑暂缓征税。通过税收优惠可大大提高股票期权制度对经理人员的激励效果，并降低股票期权的激励成本。在会计法律法规层面，则主要是建立与股票期权制度相配套的会计处理法则。

再比如，对我国现行《劳动法》第五十条的规定：“工资应当以货币形式按月支付给劳动者本人。不得克扣或者无故拖欠劳动者的工资。”同时规定，允许公司以股票期权支付经营者的激励性报酬。

建立我国的股票期权法律制度是一项法律系统工程，必须修订与推行股票期权制度不相适应的现行法律规定，以《公司法》《证券法》为主体构筑起我国股票期权法律制度的基本框架，辅之以证券法、税法、会计法、劳动法的相关规定，最终形成完善的股票期权法律制度。因此，这就需要对有关的法律法规进行必要的修订，使股票期权激励计划合法化，并尽快出台有关具体运作（包括监管、披露、会计、税收等）方面的规定。正如周旺生教授所言："现代法治的主要标志或要素在于：一要有法；二要有良法；三要使法得到有效实行。"

（二）完善公司治理结构

股票期权激励制度是公司治理结构的一部分，为了促进股权激励的有效实施，应改变经理人员的选聘机制，完善职业经理人市场。按照市场经济的要求，采取切实可行的措施，建立以公开公平、竞争择优为原则的经理人选拔、聘用机制，使优秀人才能够脱颖而出，从而促进高素质经理队伍的快速形成和发展，为推进股票期权激励创造良好的外围条件。

我国应建立现代企业制度和法人治理结构，实施股权结构多元化，提高股权激励制度的激励强度。把股票期权与建立现代企业制度结合起来，按产权关系和现代公司法人治理结构调整企业经理人员激励体制。员工持股要受到为公司今后服务的年限的限制。注重利益而淡化股权的充分行使。实行员工持股的公司，如果不是员工控股，则员工只在公司重大问题上（如公司的兼并 、分立和股权的转让等）通过员工持股基金有表决权，而对董事会的选举 、高级管理人员的聘用等问题，员工一般不参与表决。

（三）建立科学、民主的业绩考核制度

为了处理好责、权、利三者之间的关系，公司必须建立一套完整的业绩评价制度，设立考核评价管理机构。除了员工岗位职责核定、效绩考核评价指标和标准、年度效绩责任目标、考核评价程序和奖惩细则等定量指标外，还应设计必要的定性指标，即考核被激励对象的品德、职业能力、职业水平等。企业股东大会或董事会应当根据考核结果确定有关人员并实施股票期权激励，防止平均主义。

（四）构建企业文化

日本企业在实行员工股票期权激励制度的同时，更加注重企业文化的塑造。“企业就是人”，没有人，企业就没有生命力，这已是日本企业共同信奉的信条。日本企业把培养人看成第一位的，非常重视人才的培养和锻炼，不同企业采取不同的育人方式，构建不同的企业文化。雇佣关系的保障、稳定是积蓄人力资源，铸起劳资信赖关系，以及培养员工忠诚心，增强企业竞争力的源泉。

五、结语

股票期权激励制度的适用是有条件的，应该把股票期权激励制度作为引导经理人行为的手段来使用，要根据公司的不同情况来设计激励组合，提高激励效率，同时不能忽视约束的作用，不能把激励手段当作约束手段来使用。用激励与约束相结合的原

则，充分调动企业科技人员、经营管理人员的积极性和创造性。股票期权激励制度是一把双刃剑，有好的一面，也有坏的一面，股票期权激励制度会稀释产权，用得不好也会严重打击员工的积极性。所以，在设计的时候，一定要充分考虑企业的战略、文化和业务，设计出系统的、有针对性的和易于操作的薪酬体系制度方案。

参考文献

[1] 叶旭全．股票期权制理论与实务指南［M］．北京：企业管理出版社，2000.

[2] 段亚林．股权激励制度、模式和实务操作［M］．北京：经济管理出版社，2003.

[3] ［日］荒木尚志著．日本劳动法（增补版）［M］．李坤刚、牛志奎译．北京：北京大学出版社，2010.

[4] 杨云霞．我国企业职工参与法律制度的系统分析［M］．西安：西北工业大学出版社，2009.

[5] 周旺生．立法学［M］．北京：法律出版社，2000.

[6] 赵万一、吴晓锋．商事思维下的公司法实务研究［M］．北京：中国法制出版社，2009.

[7] 李立新．劳动者参与公司治理的法律探讨［M］．北京：中国法制出版社，2009.

[8] 陈文．股权激励法律实务［M］．北京：法律出版社，2010年.

[9] 岳洪竹. 股票期权激励制存在的必要性及风险［J］. 企业研究，2010（10）.

[10] 杨亮. 中国上市公司股权激励制度的现状及改进建议［J］. 辽宁大学学报，2007（4）.

注：本文选自《劳动法疑难问题和典型案例》（2014年，北京大学出版社），作者：方富贵。

第八节 论我国女职工产假待遇制度的完善

——兼评《女职工劳动保护特别规定》中女职工产假待遇的规定

产假，是指在职妇女产期前后的休假待遇。[①]女职工不仅担负着参与国家经济社会建设的重任，还承担着人类自身繁衍的社会责任。关爱女职工特别是处在孕期、产期和哺乳期的女职工，不仅是一个社会道德要求，也是一个法律义务。[②]可以说，女职工产假待遇制度对于女职工的身心健康和下一代的健康成长，对于提高中华民族整体素质都具有重大现实意义。2012年4月28日，国务院以第619号令公布施行了《女职工劳动保护特别规定》，其中规定了女职工产假待遇制度。该部行政法规的出台对于保障女职工的生育权具有重要意义，但同时也存在一些不足，在此笔者结合《女职工劳动保护特别规定》，对我国女职工产假待遇制度进行探讨。

① 参阅百度百科词条：“产假”，载http://baike.baidu.com/view/521119.htm.

② 桂生主编.劳动人事争议案例选编［M］.北京：中国民航出版社，2012：157.

一、有关对女职工产假待遇的国际公约和国内立法

（一）国际公约

1919年国际劳工组织成立后，制定了大量的国际劳工公约和相关建议书，其中，涉及女职工产假待遇的公约主要是2000年《保护生育公约》（修订）（第183号公约）。该公约第4条第1项规定："经出示医疗证明或其他适宜证明说明预产期——这由国家法律和惯例确定，本公约所适用的妇女须有权享受时间不少于14周的产假。"产假为不少于14周即98天。该条第4项规定："除非在国家一级政府和有代表性的雇主组织与工人组织另有议定，出于对保护母亲健康和儿童健康的应有考虑，产假须包括六周时间的产后强制性休假。"对女职工产后必须要有六周即42天的强制性休假。

同时，该公约第5条规定了发放津贴以及发放津贴的标准即："须根据国家法律和条例，或是以符合国家惯例的任何其他方式，向因休产假假期而缺勤的妇女提供现金津贴。"现金津贴的水平，"须保证妇女能以适当的健康条件和适宜的生活标准供养自己及其孩子。此种津贴的数额不得低于该妇女原先收入或是为计算津贴而加以考虑的收入的三分之二。"

上述国际公约规定的内容值得注意的还有，关于女职工产假保护标准的特点和趋势正从身体和生理向精神和心理保护

转变。[①]

（二）国内立法

在我国，涉及女职工产假待遇制度的法律、法规、规章主要有：《劳动法》《妇女权益保障法》《职业病防治法》《女职工劳动保护特别规定》、劳动部《关于颁发<女职工禁忌劳动范围的规定>的通知》、劳动部《关于女职工生育待遇问题若干问题的通知》《女职工保健工作规定》，等等。

由此可见，我国国内涉及女职工产假待遇制度的法律、法规、规章要比国际公约规定的内容多且详尽，但这是否就意味着女职工产假待遇的权利就得到了很好的保障了呢？答案是否定的，现实中女职工产假待遇制度还存在着一些不足。

二、我国女职工产假待遇制度存在的一些不足

2012年4月28日公布施行的《女职工劳动保护特别规定》与1988年的《女职工劳动保护规定》相比，主要在三个方面进行了完善，其中一个方面就是规范了产假假期和产假制度[②]。这部行政法规中关于产假待遇的规范主要根据我国《社会保险法》并参考了《企业职工生育保险试行办法》以及各地的生育保险规

① 林燕玲．女职工劳动保护的特点和趋势——国际劳工标准的视角［C］．北京市劳动和社会保障法学会二〇一〇年年会会议资料，2010：200.

② 参阅："国务院法制办负责人就《女职工劳动保护特别规定》答记者问"，载http://www.gov.cn/zwhd/2012-05/07/content_2131560.htm.

定而制定。那么，这部被誉为“集中体现了党中央国务院对全国1.37亿女职工劳动权益的高度重视、保护和殷切关怀，更是党中央国务院送给全国女职工的一份厚礼”[①]的行政法规，还存在如下一些不足：

（一）《女职工劳动保护特别规定》的立法理念有值得商榷之处

《女职工劳动保护特别规定》立法宗旨是：“为了减少和解决女职工在劳动中因生理特点造成的特殊困难，保护女职工健康，制定本规定。”这一立法理念仍是基于“对女职工实行特殊保护，是由女职工的身体结构和生理机能决定的”[②]。对女职工劳动保护立法目的应该是消除生理上的性别偏见，在保护职业健康的同时，更应从保护女职工平等劳动权利的高度出发，这与关于妇女权利最重要的国际公约《消除对妇女一切形式歧视公约》及相关国际劳工标准的要求相一致。

（二）女职工产前产假如何安排的问题

《女职工劳动保护特别规定》第七条规定：“女职工生育享受98天产假，其中产前可以休假15天。”这里的“产前可以休假15天”中的“可以”，只是说你具备了做某事的资格，使其成为你的一种选择。你可以把98天的产假期分成为产前假15天和产

① 参阅宣传贯彻《女职工劳动保护特别规定》新闻发布会，载http://acftu.workercn.cn/c/2012/05/09/120509093005387834861.html.

② 信春鹰主编. 中华人民共和国职业病防治法释义［M］. 北京：法律出版社，2012：89.

后假83天。但考虑到实际情况，孕妇可能提前或推迟生产。若提前生产，可将不足天数与产后假合并使用，使产假总天数为98天即可。若推迟生产，产假天数是不是还要执行产前假和产后假总天数98天不变？那超出98天部分的天数，如何处理？是按事假还是病假？

（三）女职工产假待遇中的生育津贴支付标准如何确定的问题

生育津贴指在女职工因生育而离开工作岗位、不再从事有报酬的工作以至收入中断时，给予定期的现金补助，以维护和保障妇女及婴儿的正常生活。《女职工劳动保护特别规定》第五条将原来的产假待遇中的基本工资修改为工资，与《妇女权益保障法》第二十七条[①]规定相一致。而将带薪产假明确为生育津贴，与《社会保险法》第五十六条[②]规定相吻合。这亦是女职工产假待遇制度中的一大亮点。

关于生育津贴的标准，从国际惯例来看，生育津贴补助的标准一般是按照女职工产前工资的一定比例发放。《女职工劳动保护特别规定》第八条第一款规定："女职工产假期间的生育津贴，对已经参加生育保险的，按照用人单位上年度职工月平均工资的

---

① 《妇女权益保障法》第二十七条："任何单位不得因结婚、怀孕、产假、哺乳等情形，降低女职工的工资，辞退女职工，单方解除劳动（聘用）合同或者服务协议。但是，女职工要求终止劳动（聘用）合同或者服务协议的除外。"

② 《社会保险法》第五十六条："职工有下列情形之一的，可以按照国家规定享受生育津贴：（一）女职工生育享受产假；（二）享受计划生育手术休假；（三）法律、法规规定的其他情形。生育津贴按照职工所在用人单位上年度职工月平均工资计发。"

标准由生育保险基金支付；对未参加生育保险的，按照女职工产假前工资的标准由用人单位支付。”实际上，由生育保险基金支付的生育津贴按照用人单位上年度职工月平均工资的标准，实际上减少了部分（高收入）女职工的产假工资。同时，由于种种原因，很难准确核实用人单位上年度职工月平均工资，社保机构往往采取的是按照职工所在单位月缴纳平均工资除以30日再乘以产假天数计发。这就必然导致部分（高收入）女职工的生育津贴低于产前工资。①

再进一步分析《女职工劳动保护特别规定》对此的规定：“参加生育保险的，生育津贴按照用人单位上年度职工月平均工资的标准；未参加生育保险的，则按照女职工产假前工资的标准。”生育津贴支付是按照两种标准，足以窥见立法的倾向性，对于用人单位支付的标准则要高于生育保险基金支付的标准，二者是不对等的。

（四）女职工产假期间男性陪护假依然未能写入规定

北京众泽妇女法律咨询服务中心提交的专家修改建议②、《女职工劳动保护规定》修改课题组的修改调查报告③等均建议规定男性陪护假，但《女职工劳动保护特别规定》忽视了男性陪护假的需求，未予采纳规定，对于时代的呼声来说，这是一种遗憾。

---

① 刘小楠主编. 反就业歧视的理论与实践［M］. 北京：法律出版社，2012：322.
② 刘小楠主编. 反就业歧视的理论与实践［M］. 北京：法律出版社，2012：303.
③ 刘小楠主编. 反就业歧视的理论与实践［M］. 北京：法律出版社，2012：275.

三、完善我国女职工产假待遇制度的建议

（一）在立法理念上要有所突破，与国际公约保持一致

对女职工在劳动中因生理特点造成的特殊困难的保护，其目的旨在促进男女平等就业，促进公平就业，引导社会正确认识对女职工给予特殊保护的重要意义，改变限制，歧视女性就业的不正确观念。

反歧视是国际人权保障的三大原则之一，当前国际社会更多关注实质性平等，已经把通过各种形式抬高女性就业门槛限制女性就业的做法看作是劳动力市场上对女性的歧视。保护过度带来的负面影响就是剥夺了女性就业的权利。《女职工劳动保护特别规定》第一条即指出立法目的是“为了减少和解决女职工在劳动中因生理特点造成的特殊困难，保护女职工健康”，没有将反歧视放到应有的高度，建议今后修改或出台相关司法解释将反歧视写入条款中，尤其是应在立法目的中予以明确。

（二）及时制定行政规章，明确女职工产前产假的安排应由职工自由选择，超出法定产假98天天数的处理意见

及时制定行政规章，明确女职工产前产假的安排应由职工自行安排。以医疗机构出具的相关证明中注明的预产期作为产前假和产后假的分界线，产前假在15天之内具体休假多少天，应由职工自由选择，产前和产后休假总天数不超过98天。超出98天部分的天数按照病假处理。如果明确细化了以上内容，对于女职

工来说比较公平，又能避免实践操作中的分歧，实现执法尺度的统一。

（三）女职工产假待遇中的生育津贴支付标准的确定

《女职工劳动保护特别规定》中规定，女职工产假期间的生育津贴用人单位与生育保险基金支付标准是不同的。从社会公平的角度考虑，对生育期间的女职工应实行同等、均衡保护，有利于社保基金正常运转，生育津贴应设定一种最低标准即最低要高于统筹地月平均工资的60%以上。[①]这样能更好地保障女职工产假期间的康复和基本生活需要。

（四）及时出台男性陪护假，以保证父母分担育儿责任和促进性别平等，符合我国社会主义倡导的以人为本理念

在国外陪护假是强制执行的，设定男性陪护假，既可减轻劳动力市场对女性的歧视，促进女性平等就业，又可鼓励男女平等承担家庭责任和社会责任。

我国在1980年已加入《消除对妇女一切形式歧视公约》，该《公约》序言中规定："养育子女是男女和整个社会的共同责任。"如果增设男性陪护假，作为贯彻男女平等国策的一项具体举措，以保证父母分担育儿责任和促进性别平等，符合我国社会主义倡导的以人为本理念，亦将成为我国履行《消除对妇女一切形式歧视公约》的一大亮点。

---

① 刘小楠主编. 反就业歧视的理论与实践［M］. 北京：法律出版社，2012：323.

四、结语

美国法律哲学家埃德加·博登海默曾说："尽管法律是一种必不可少的具有高度助益的社会生活制度，但是，它像其他大多数人定制度一样也存在一些弊端。如果我们对这些弊端不给予足够的重视或者完全视而不见，那么它们就会发展成为严重的操作困难。"在正值发展转型时期的社会主义中国，和其他社会问题一样，女职工产假待遇制度仍然存在一些不足，只有建立健全完善、全面的生育保险制度，才能更好地保护女职工的劳动权益。[①]

① 金晓莲. 艰难的职场生育——议女职工三期权益保护［C］. 北京市劳动和社会保障法学会. 北京市劳动和社会保障法学会二〇〇九年年会会议资料，2009：453.

参考文献

[1] 桂生主编. 劳动人事争议案例选编 [M]. 北京：中国民航出版社，2012.

[2] 林燕玲. 女职工劳动保护特别规定的六大亮点 [J]. 妇女研究论丛，2012.

[3] 李薇薇著. 反歧视法原理 [M]. 北京：法律出版社，2012.

[4] 刘小楠主编. 反就业歧视的理论与实践 [M]. 北京：法律出版社，2012.

[5] 信春鹰主编. 中华人民共和国职业病防治法释义 [M]. 北京：法律出版社，2012.

[6] 北京市劳动和社会保障法学会二〇〇九年年会会议资料.

[7] 北京市劳动和社会保障法学会二〇一〇年年会会议资料.

注：本文选自《北京市劳动和社会保障法学会二〇一三年年会会议材料》，作者：方富贵。

第二章

案例汇编

CHAPTER 1

第一节　用人单位与劳动者双方就工伤达成赔偿协议后，其中一方能否反悔？

———北京某公司与马某工伤争议案

案件类型：工伤争议

当事人概况

上诉人【原审原告】：北京某公司

上诉人【原审被告】：马某

一、基本案情

马某2006年10月14日到北京某公司工作，双方未签订劳动合同，未给马某缴纳工伤保险。2006年10月15日由于马某不小心在工作中造成伤害，经医院诊断为右胫腓骨骨折，右内踝骨折，北京某公司为其支付医疗费、住院费共计14387.89元。

2006年12月9日双方就此达成协议，内容如下：1. 北京某公司一次性赔偿马某医药费、住院费、人工费以及以后的一切全部费用总共30400元；2. 自本协议签订之日起任何一方都不得反悔，双方之间也再无任何关系。

2007年7月29日双方又签订补充协议，内容如下:1. 双方已于2006年12月9日达成协议，北京某公司一次性赔偿马某医疗费、误工费、伤残补助金等全部费用人民币30400元，马某表示同意并在协议上签字；2. 北京某公司是一家正规而负责的企业，鉴于马某生活困难，经协调北京某公司同意赠予马某人民币3000元；3. 马某承诺自本补充协议签订之日起不再到北京某公司纠缠，否则马某退还北京某公司赠予的人民币3000元。

2007年10月23日，北京市通州区劳动和社会保障局认定马某所受伤害为工伤。

2008年1月22日，北京市通州区劳动能力鉴定委员会确认马某的工伤已达到职工工伤与职业病致残程度鉴定标准伤残9级。

马某出院后，继续治疗支付诊疗费、挂号费、治疗费等共计211.8元，未到北京某公司上班。

二、审理结果

仲裁裁决结果：

（一）北京某公司一次性支付马某医疗费211.8元；

（二）北京某公司一次性支付马某停工留薪期工资9600元；

（三）北京某公司一次性支付马某一次性伤残补助金13120元；

（四）北京某公司一次性支付马某一次性工伤医疗补助金和伤残就业补助金差额11067.89元；

（五）驳回马某其他申诉请求。

一审法院审理结果：

一审法院认为，北京某公司未给马某缴纳工伤保险，致使其出院后继续治疗工伤自行承担门诊诊疗费、挂号费、治疗费等共计211.8元，对此理应由北京某公司支付。北京某公司对马某主张月工资为1600元虽不予认可，但未提交证据证明，对北京某公司主张马某月工资为800元不予采信，对马某主张的月工资1600元予以确认。依据《北京市工伤职工停工留薪期管理办法》的规定，确认马某的停工留薪期为6个月，停工留薪期的工资，北京某公司应予支付。北京某公司虽与马某签订了协议书以及补充协议书，但北京某公司对马某的赔偿数额过低，依法应予变更。马某在仲裁委提出与北京某公司解除劳动关系，据此及马某与北京某公司签订的协议书以及补充协议书约定的内容，应视为马某与北京某公司协商一致解除劳动关系，北京某公司应向马某支付一次性伤残补助金、一次性工伤医疗补助金和伤残就业补助金。对马某主张的就医交通费、鉴定费以及住院期间护理费，北京某公司应依法支付。北京某公司支付马某的赔偿金33400元中包括其应负担的医疗费14387.89元，此费用应予扣除。北京某公司实际已支付马某各项赔偿金等共计19012.11元。据此，判决如下：

（一）北京某公司一次性支付马某医疗费、交通费、鉴定费、住院期间护理费总计3345.95元；

（二）北京某公司一次性支付马某停工留薪期工资9600元；

（三）北京某公司一次性支付马某一次性伤残补助金12800元；

（四）北京某公司一次性支付马某一次性工伤医疗补助金和伤残就业补助金差额30080元；除已支付的19012.11元外，再给付11067.89元；

（五）驳回北京某公司的其他诉讼请求。

二审法院审理结果：

二审法院认为，劳动和社会保障部门已认定马某所受伤害属于工伤，达到伤残九级的标准，故北京某公司应按照《劳动法》《工伤保险条例》等相关规定，给予马某工伤待遇。因北京某公司未给马某缴纳工伤保险，故该公司应承担马某为治疗工伤所花费的医疗费、交通费等相关费用。《工伤保险条例》第三十五条规定：职工因工致残被鉴定为七级至十级伤残的，享受以下待遇：（一）从工伤保险基金按伤残等级支付一次性伤残补助金，标准为：七级伤残为12个月的本人工资，八级伤残为10个月的本人工资，九级伤残为8个月的本人工资，十级伤残为6个月的本人工资；（二）劳动合同期满终止，或者职工本人提出解除劳动合同的，由用人单位支付一次性工伤医疗补助金和伤残就业补助金。具体办法由省、自治区、直辖市人民政府规定。依此规定，北京某公司应向马某支付一次性伤残补助金、一次性工伤医疗补助金和伤残就业补助金。现北京某公司所支付马某的钱款低于按照《工伤保险条例》《北京市实施<工伤保险条例>办法》

核定的一次性伤残补助金、一次性工伤医疗补助金和伤残就业补助金，该公司应向马某支付补偿金的差额。

关于月工资的问题。二审法院对于月工资的标准采信了马某的主张即每月1600元，而对于停工留薪期，由于北京某公司作为用人单位未及时确认，应承担相应的责任，依照《北京市工伤职工停工留薪期管理办法》《停工留薪期目录》等相关规定，并结合马某就医、身体等情况，法院确定马某的停工留薪期为6个月。故支持了马某要求的停工留薪期工资9600元的主张。

关于协议书以及补充协议书的效力问题。二审法院依据《北京市工伤职工停工留薪期管理办法》第十二条的规定以及2008年1月22日，北京市通州区劳动能力鉴定委员会作出的鉴定结论，判定双方在2006年12月9日所签订的协议书中关于“自本协议签订之日起任何一方都不得反悔，双方之间也再无任何关系。”的约定是无效的。

关于病假工资的认定。在停工留薪期期满后，因伤需要治疗而未能上班的，用人单位应当支付病假工资。在停工留薪期期满后，马某因病未能继续工作，故北京某公司应向马某支付病假工资。因马某于2008年1月31日提出劳动争议仲裁申请，并提出解除劳动关系，故北京某公司应支付自2007年4月15日至双方解除劳动关系之日2008年1月31日期间的病假工资。二审法院对马某要求北京某公司支付此期间病假工资的上诉请求予以支持。

综上，二审法院作出了如下判决：

（一）维持北京市通州区人民法院（2008）通民初字第05340号民事判决；

（二）北京某公司于本判决生效后七日内支付马某病假工资5548元。

三、评析意见

这是一起因劳动者与用人单位私下达成工伤赔偿协议后，劳动者反悔所引发的劳动争议案。

（一）私下协议处理工伤的原因

私下协议处理工伤的大量出现，主要是因为用人单位没有为劳动者办理工伤保险，以至于在发生工伤事故后，用人单位不能够从工伤保险基金中拨付此笔款项而分担自己的风险；另外，发生工伤事故，可能会导致用人单位受到行政处罚。

（二）本案中，劳动者马某与用人单位北京某公司之间达成的赔偿协议部分有效，部分无效

本案中，马某在工伤发生后，马某虽与用人单位北京某公司达成了赔偿协议，但赔偿数额明显低于国家法律法规规定的最低标准；同时，用人单位既未向主管部门上报，又未向劳动保障部门申请认定工伤，该行为属隐瞒不报，逃脱了劳动监管部门的监管，最终破坏了国家的劳动安全制度，也损害了劳动者的健康权利。所以，双方达成的赔偿协议中约定的“自本协议签订之日起

任何一方都不得反悔，双方之间也再无任何关系”属于无效条款，而关于赔偿的部分则是有效的。

（三）如何判断工伤赔偿协议的效力

根据我国《劳动合同法》第二十六条规定：“下列劳动合同无效或者部分无效：（一）以欺诈、胁迫的手段或者乘人之危，使对方在违背真实意思的情况下订立或者变更劳动合同的；（二）用人单位免除自己的法定责任、排除劳动者权利的；（三）违反法律、行政法规强制性规定的。”所以，宪法、劳动法及相关法规中存在大量对劳动者基本权利、劳动保护、工作时间、工资等方面的强制性规定，劳动合同的内容受到这些强制性规定的约束，违反这些强制性规定的合同内容无效。

劳动者发生工伤事故后，用人单位应当按照《工伤保险条例》的规定给予劳动者工伤保险待遇。《工伤保险条例》是社会保障法的组成部分，其目的在于维护劳动者的生存权，保障劳动者的基本生活，因此，其中规定的各项工伤待遇均是法定最低标准。如果用人单位与劳动者约定比《工伤保险条例》标准更低的赔偿标准或免除用人单位的赔偿责任，应当认定该约定违反法律的强制性规定而无效。

本案中，双方虽然曾私下达成工伤赔偿协议，但是因为其违反了我国关于工伤相关的强制性规定，是无效的，不具有法律效力，用人单位以此为由来主张免除其法律责任是不能成立的，法院对此认定是正确的。

综上，用人单位与劳动者即使签订了工伤赔偿协议，如果该工伤赔偿协议中存在违法部分，劳动者仍可以反悔，并可以依法在仲裁时效内向劳动争议仲裁委员会申请仲裁，主张自己的合法权益即像本案中的马某那样要求用人单位支付合法、合理的工伤待遇。

四、研讨问题

1. 关于劳动者与用人单位之间针对工伤达成赔偿协议后，劳动者能否反悔?

2. 如何判断赔偿协议的效力？

注：本文选自《北京市第十一届劳动人事争议案例研讨会》，作者：方富贵，此文获得北京市劳动和社会保障法学会优秀案例评析二等奖。

第二节　如何认定劳动者的行为构成严重违纪？
——洪某与某酒店劳动争议案

案件类型：劳动争议

当事人概况

申请人：洪某

被审请人：某酒店

一、基本案情

洪某原系某酒店客务部职工，职务为行李员。自1997年6月双方开始签订为期两年的固定期限劳动合同，双方最后一次签订劳动合同时间为2007年6月30日至2009年6月30日。

2009年5月1日早晨6点左右，洪某上夜班即将下班之际，私自到厨房偷吃水果，当时送餐部的一个员工田某看到后提醒洪某："你别吃了，厨师来了会说你的。"洪某说："没事，我还敢拿呢。"洪某边说边往酒店的手提袋里装水果，装到半袋时，副总厨师长宋某进来看到，便说："你干什么？"之后，宋某便把装有水果的手提袋要下来，送到酒店办公室，并向酒店安全部报告，酒店安全部分别向洪某本人、宋某、田某做了《谈话记录》，田某于2009年5月4日分别用中、英文向酒店总经理写了《道歉函》，要求酒店给予一次机会。

2009年5月5日，酒店人力资源部向工会发出通知，告知与洪某解除劳动合同的理由并征求工会的意见。

2009年5月6日，酒店人力资源部依据《员工手册》第II-20条及VIII-56条的规定，向洪某作出了解除劳动合同的通知，并送达到洪某手中。

2009年5月11日洪某与酒店办理了《离店手续申请表》。

2009年5月25日，洪某向北京市劳动争议仲裁委员会申请仲裁，要求某酒店撤销解除劳动合同决定，继续履行劳动合同。

2009年7月9日，北京市劳动争议仲裁委员会通知双方进行了庭前仲裁调解，主要争议的焦点是：《员工手册》第VIII-56条的规定是否合法？洪某的行为是否属于《员工手册》第VIII-56条的偷窃行为？

某酒店作出答辩：我酒店属于五星级的国际酒店，用工十分规范，《员工手册》早在成立时就已制定，经过逐步修订，最后一版修订是在2007年8月1日并适用至今。尤为重要的是，酒店不但在店堂内公示相关的规章制度，且在员工入职时，由人力资源部逐一告知，然后发放《员工手册》，让每一员工包括洪某签字确认。制定的《员工手册》显然是合法的，应当作为用人单位用工管理的重要依据。

根据我酒店提供的照片（1. 冷菜厨房水果架；2. 申请人装水

果的纸袋。）以及平面图等一系列证据，证明申请人是酒店前厅的行李员，冷菜厨房既不是他工作地点，也不是他工作路过的地方，其主观具有偷窃的故意，洪某偷窃事实是存在的，属于《员工手册》第VIII-56条的偷窃行为。

最后，双方未能达成一致意见。仲裁委在已书面送达的基础上，又在庭前调解中提醒，开庭时间定于2009年10月26日上午九点，并记录在调解笔录中。

二、审理结果

仲裁处理结果：2009年10月26日上午，洪某及其代理人均没有到庭。故北京市劳动争议仲裁委员会依据《中华人民共和国劳动争议调解仲裁法》第三十六条规定，依法作出京劳仲字〔2009〕第2627号决定书，视为洪某撤回仲裁申请。

三、评析意见

（一）酒店制定的《员工手册》等规章制度是否合法

我国《劳动合同法》第四条第二款规定："用人单位在制定、修改或者决定有关劳动报酬、工作时间、休息休假、劳动安全卫生、保险福利、职工培训、劳动纪律以及劳动定额管理等直接涉及劳动者切身利益的规章制度或者重大事项时，应当经职工代表大会或者全体职工讨论，提出方案和意见，与工会或者职工代表平等协商确定。"根据该规定，用人单位的规章制度应当经职工代表大会或者全体职工讨论等民主程序方能合法、生效。

而本案中，某酒店的《员工手册》制定是在2007年8月1日，是在《劳动合同法》实施之前，经过员工签字确认等相关的民主程序，因而是合法有效的。

（二）洪某的行为是否属于《员工手册》第VIII-56条的偷窃行为

首先，某酒店的《员工手册》中的《纪律处罚条例》第II-20条规定:“偷吃偷喝酒店的食品、饮品，违纪度数属于一级，按书面警告处理。”而第VIII-56条规定:“偷窃，违纪度数属于三级，按辞退处理。”

其次，洪某往酒店的手提袋装水果的行为是否属于偷窃？这也是本案争议的焦点问题。根据某酒店提供的证据以及洪某庭前调解的自认来看，洪某在不属于自己的工作区域（冷菜厨房既不是他工作地点，也不是他工作路过的地方），显然到此区域“偷吃水果”的行为属于《员工手册》中的《纪律处罚条例》第II-20条，这一点洪某本人是认可的，而对“往酒店的手提袋里装水果”这一行为属于偷窃行为洪某是不认可的。那么是否属于“偷窃”行为呢？答案显然是肯定的，从证据上看，有“往酒店的手提袋里装水果”的行为，从工作职责及范围来看，冷菜厨房既不是他工作地点，也不是他工作路过的地方，具有主观的偷窃故意，应属于偷窃行为。

（三）某酒店解除与洪某之间的劳动关系是否合法

本案虽然依据法律在程序上的规定，按撤回仲裁申请处理，但是根据评析意见中（一）（二）的分析以及某酒店在作出解除劳动关系之前向工会告知解除的理由并征询了工会的意见，某酒店解除与洪某之间的劳动关系是合法的。

四、研讨问题

1. 用人单位如何制定出符合法律规定的员工手册等一系列的规章制度？

2. 如何认定劳动者的行为构成严重违纪？

3. 用人单位如何履行解除劳动合同的法定程序？

注：本文选自《新型疑难劳动争议处理实务与诉讼指引》（2010年，法律出版社），作者：方富贵。

第三节　如何认定用人单位拖欠奖金及提成？

——王某与北京某文化传播公司劳动争议案

案件类型：劳动争议

当事人概况

上诉人【原审原告】：王某

被上诉人【原审被告】：北京某文化传播公司

一、基本案情

王某原系北京某文化传播公司职工。2008年1月10日，王某与北京某文化传播公司签订为期两年的《劳动合同》，合同期限为2008年1月1日至2009年12月31日。2009年1月7日北京某文化传播公司以王某连续旷工32天半为由解除了双方之间的劳动合同。

2009年1月8日，王某向北京市海淀区劳动仲裁委员会申请仲裁，请求事项：1. 补发所欠工资2007年12月至2008年3月共计3000元；2. 奖金及提成2003年2月至2008年12月共计50000元；3. 工龄工资每年上涨100元，2002年1月至2008年12月，共计7200元；4. 2007年至2009年的加班费200元/天×56天

×3=33600元；5. 解除劳动合同的补偿金8000×10=80000元；6. 2004年提成年终奖2000000×0.5%=10000元。（以上合计人民币183800元）。

2009年4月7日，王某不服仲裁结果，起诉至北京市海淀区人民法院，诉讼请求：1. 北京某文化传播公司支付我违约解除劳动合同赔偿金132472.18元及未签订书面劳动合同的二倍工资15538.22元，共计148010.4元；2. 北京某文化传播公司支付我2007年12月至2008年3月拖欠的工资差额2000元及25%经济补偿金500元，共计2500元；3. 北京某文化传播公司支付我2002年至2008年3月拖欠的工资、奖金及提成300053.2元及25%经济补偿金75013.3元，共计375066.5元；4. 北京某文化传播公司支付我2002年1月至2008年12月拖欠的工龄工资5760元及25%经济补偿金1440元，共计7200元；5. 北京某文化传播公司支付我2002年至2008年拖欠的休息日及节假日加班工资62886.28元及25%经济补偿金15721.57元，共计78607.85元；（以上合计人民币611384.75元）6. 诉讼费由北京某文化传播公司承担。

2009年10月9日，一审法院作出判决，一审判决同仲裁结果一致。王某又不服一审判决，上诉至北京市第一中级人民法院，上诉请求同一审法院。

2010年5月10日，二审法院作出终审判决，驳回上诉，维持原判。

二、审理结果

仲裁处理结果：自裁决书生效之日起十日内，北京某文化传播公司向王某支付2008年6月及2009年1月1日起至2009年1月7日期间双休日及法定节假日加班工资3222元；驳回王某的其他诉讼请求。

一审法院经审理认为：根据《最高人民法院关于民事诉讼证据的若干规定》第二条规定“当事人对自己提出的诉讼请求所依据的事实或者反驳对方诉讼请求所依据的事实有责任提供证据加以证明。没有证据或者证据不足以证明当事人的事实主张的，由负有举证责任的当事人承担不利后果”及第六十九条规定“无法与原件、原物核对的复印件、复制品不能单独作为认定案件事实的依据”。本案中，王某虽然主张北京某文化传播公司应向其支付2007年12月至2008年3月浮动工资差额，2002年至2008年3月拖欠的工资、奖金及提成及2002年1月至2008年12月拖欠的工龄工资，但北京某文化传播公司向一审法院提交的王某在上述期间领取提成的单据和上述期间的工资发放卡，均有王某的签字确认，对此证据的真实性王某也予以确认，王某未就北京某文化传播公司在上述期间应向其支付浮动工资差额、工资、奖金及提成、工龄工资的主张提供充分有效的证据予以证明，其应承担举证不能的后果，故一审法院对王某提出的北京某文化传播公司应向其支付2007年12月至2008年3月浮动工资差额，2002年至

2008年3月拖欠的工资、奖金及提成及2002年1月至2008年12月拖欠的工龄工资及各自25%的迟延经济补偿金的主张均不予采信，对上述诉讼请求均不予支持。

北京某文化传播公司提供的考勤卡显示2008年11月3日至2008年12月31日期间仅有2008年11月7日下班，2008年12月4日、5日上班的打卡记录，其余均为空白，王某亦未就该期间其出勤情况出具其他有效证据予以证明，现北京某文化传播公司根据员工手册规定的公司规章制度做出旷工解除劳动关系的决定并送达了王某，存在合法解除劳动关系的事实和程序依据，其解除劳动关系的行为并无不当，故一审法院对王某主张北京某文化传播公司以旷工为由与王某解除劳动关系系违法解除的主张不予采信，进而对王某主张该公司支付其违法解除劳动关系的经济赔偿金的诉讼请求不予支持。王某与北京某文化传播公司于2008年1月10日签订有书面劳动合同，王某主张该公司未与其签订书面劳动合同缺乏事实依据，故一审法院对王某主张该公司支付其二倍工资差额15538.22元的诉讼请求不予支持。王某认可的考勤卡未显示王某存在法定节假日及双休日加班的情况，其亦未向一审法院提交其在2002年至2008年期间存在双休日及法定节假日有效加班情形的证据，因劳动仲裁裁决北京某文化传播公司应向王某支付2008年6月及2009年1月1日至2009年1月7日期间双休日及法定节假日加班工资3222元，北京某文化传播公司未在法定期间提出起诉，一审法院视为其同意该裁决，故一审法院对此亦不持异议。

一审法院判决如下：

一、北京某文化传播公司自本判决生效之日起七日内一次性支付王某2008年6月及2009年1月1日起至2009年1月7日期间双休日及法定节假日加班工资人民币三千二百二十二元；

二、驳回王某的其他诉讼请求。

二审法院经审理认为：王某主张北京某文化传播公司应向其支付2007年12月至2008年3月浮动工资差额、2002年至2008年3月的拖欠工资、奖金及提成及2001年1月至2008年12月的工龄工资，但北京某文化传播公司向二审法院提交的王某在上述期间领取提成的单据和上述期间的工资发放卡，均有王某的签字确认，王某未就北京某文化传播公司在上述期间应向其支付浮动工资差额、工资、奖金及提成、工龄工资的主张提供充分有效的证据予以证明，其应承担举证不能的后果，故一审法院对王某提出的北京某文化传播公司应向其支付2007年12月至2008年3月浮动工资差额、2002年至2008年3月拖欠的工资、奖金及提成及2002年1月至2008年12月拖欠的工龄工资及各自25%的迟延经济补偿金的主张均不予支持是正确的。

北京某文化传播公司提供的考勤卡显示2008年11月3日至2008年12月31日期间仅有2008年11月7日下班、2008年12月4日、5日上班的打卡记录，其余均为空白，王某亦未就该期间其出勤情况出具其他有效证据予以证明。现北京某文化传播公司根据《员工手册》规定的公司规章制度做出旷工解除劳动关系的决定并送达了王某，应属合法解除劳动关系，一审法院对王某主张该公司应支付其违法解除劳动关系的经济赔偿金的诉讼请求不予支持是正确的。

王某与北京某文化传播公司于2008年1月10日签订有书面劳动合同，王某主张该公司未与其签订书面劳动合同缺乏事实依据，王某主张该公司支付其二倍工资差额15538.22元的诉讼请求一审法院不予支持是正确的。王某认可的考勤卡未显示王某存在法定节假日及双休日加班的情况，其亦未向二审法院提交其在2002年至2008年期间存在双休日及法定节假日有效加班情形的证据，因劳动仲裁裁决北京某文化传播公司应向王某支付2008年6月及2009年1月1日至2009年1月7日期间双休日及法定节假日加班工资3222元，北京某文化传播公司未在法定期间提出起诉，视为其同意该裁决，故二审法院对此亦不持异议。

二审法院判决如下：

驳回上诉，维持原判。

三、评析意见

（一）北京某文化传播公司解除与王某之间的劳动关系是否合法

根据北京某文化传播公司提交的《2007年至2008年12月的考勤打卡记录》，王某对此证据的真实性是认可的。该证据显示：自2008年3月份开始，王某就开始严重旷工和请事假，尤其是从2008年11月3日至2008年12月31日，不到两个月的时间（扣除双休日）累计旷工32天半。

北京某文化传播公司的《员工手册》虽然王某不予认可，但是在双方签订的《劳动合同》同时注明合同附件有《员工手册》，足以证明已向王某送达了该员工手册。其中，《员工手册》中的内容有“员工累计旷工十五天或连续旷工七天视为严重违反单位的规章制度，用人单位可以解除合同”。所以，北京某文化传播公司提交的《2007年至2008年12月的考勤打卡记录》证据充分证明了王某的行为严重违反了单位的规章制度，故北京某文化传播公司解除与王某之间的劳动关系是合法的。

（二）王某向北京某文化传播公司主张的拖欠工资、奖金及提成是否有事实和法律依据

根据《北京市工资支付规定》，用人单位的工资支付记录表应至少保存2年备查。劳动者主张超过2年之外存在拖欠事实的，应由劳动者承担举证责任。而本案中，北京某文化传播公司向法院提交的王某在2003年3月至2008年3月期间的工资表，以及上述期间领取提成的单据和上述期间的工资发放卡，均有王某的签字确认，对此证据的真实性王某也予以确认。

显然，北京某文化传播公司尽到了充分的举证责任，在此情形下，根据举证责任的分配规则，举证责任应当由王某来承担，而王某未就北京某文化传播公司在上述期间应向其支付浮动工资差额、工资、奖金及提成、工龄工资的主张提供充分有效的证据予以证明，故法院依据《最高人民法院关于民事诉讼证据的若干规定》第二条规定："当事人对自己提出的诉讼请求所依据的事实或者反驳对方诉讼请求所依据的事实有责任提供证据加以证明。没有证据或者证据不足以证明当事人的事实主张的，由负有举证责任的当事人承担不利后果。"依据现有证据和查明的事实，王某主张北京某文化传播公司应向其支付2007年12月至2008年3月浮动工资差额，2002年至2008年3月拖欠的工资、奖金及提成及2002年1月至2008年12月拖欠的工龄工资及各自25%的迟延经济补偿金不能成立，故法院驳回王某的此诉讼请求是正确的。

（三）如何认定王某与北京某文化传播公司关于加班费的证据

王某认可的考勤卡中未显示王某存在法定节假日及双休日加班的情况，其亦未向法院提交其在2002年至2008年期间存在双休日及法定节假日有效加班情形的证据。

关于王某在2009年1月1日至2009年1月7日的考勤卡，因北京某文化传播公司未能提供，法院根据《最高人民法院关于民事诉讼证据的若干规定》第二条规定，认定在此期间的法定节假日和双休日为王某加班，支持了王某主张的在该期间的加班费。

四、研讨问题

1. 北京某文化传播公司解除与王某之间的劳动关系是否合法?

2. 王某向北京某文化传播公司主张的拖欠工资、奖金及提成是否有事实和法律依据?

3. 如何认定王某与北京某文化传播公司关于加班费的证据?

注：本文选自《最新劳动争议处理实务与诉讼指引》(2011年，法律出版社)，作者：方富贵。

第四节　用人单位扣押档案是否赔偿？

——北京某软件公司与刘某劳动人事档案争议案

案件类型：劳动人事档案争议

当事人概况

上诉人【原审被告】：北京某软件公司

被上诉人【原审原告】：刘某

一、基本案情

2004年刘某毕业后应聘到北京某计算机软件公司（被告前身），双方签订《劳动合同书》，期限自2004年7月12日至2007年7月11日。同时双方签订了引进人才协议书，约定北京某计算机软件公司将刘某户口办理进京后，刘某需要在公司服务三年，否则需要交纳违约金。合同签订后，刘某将档案转至北京某计算机软件公司，公司为其建立了社会保险关系账户并缴纳了社会保险，但社会保险按照最低基数1600元缴纳，刘某的实际工资为3000元左右。2006年年初北京某软件公司收购了北京某计算机软件公司，2006年7月刘某以结婚为由将户口迁出，2006年8月刘某向公司提出离职申请，未获批准。随后，刘某即未再到公司上班。后刘某与北京某软件公司联系要求公司将其档案及社会保险转出，公司则以刘某未按照约定服务满三年，应当按照约定缴纳一万元的违约金，要求刘某缴纳一万元违约金再为其办理转出手续。

审理过程：

2010年1月7日，刘某向北京市朝阳区劳动争议仲裁委员会申请仲裁，要求公司为其办理档案转移、社会保险转出，并要求赔偿损失二万元。北京市朝阳区劳动争议仲裁委员会以超过诉讼时效为由作出不予受理裁决。

刘某不服仲裁裁决，向北京市朝阳区人民法院提起诉讼，2010年3月23日，北京市朝阳区人民法院开庭审理此案。庭审中北京某软件公司认为，刘某未按照约定服务满三年，并且未经公司批准擅自离职，违背诚实信用原则，应当支付赔偿金。而且公司为其办理的北京市户口是花二十万也买不来的。公司从来没有要扣押刘某档案，是刘某没有按照公司要求办理手续，且刘某没有提供其户籍所在地或新的单位而无法办理。同时公司提交了刘某将户口迁出的申请及社会保险关系转移证明，社会保险关系转移证明上明确载明交费基数为1600元，且该证明公司开出后并未交给刘某。

庭审后北京某软件公司要求与刘某调解，在双方律师的协调下，刘某答应支付给北京某软件公司3000元，公司为其办理档案转移、社会保险关系转出，并保证不故意在档案中添加不良信息。但是当刘某带着3000元到北京某软件公司办理手续时，公司反悔，调解无果。

二、处理结果

法院审理认为，2006年8月刘某申请辞职未获准即未再上班，双方劳动关系结束。《劳动合同法》第五十条规定：“用人单位应当在解除或者终止劳动合同时出具解除或者终止劳动合同的证明，并在十五日内为劳动者办理档案和社会保险关系转移手续。”北京某软件公司未及时转移档案存在过错，刘某要求赔偿损失，应当予以支持。同时，由于北京某软件公司至今未为刘某办理转移档案等手续，其行为处于持续状态且刘某能证明曾向北京某软件公司要求转移，所以，认为没有超过诉讼时效。

北京市朝阳区人民法院作出一审判决，判令北京某软件公司为刘某办理档案转移、社会保险转出手续，并给付刘某赔偿金人民币二万元。

北京某软件公司不服一审判决，上诉至北京市第二中级人民法院。在法官的主持下，双方达成调解协议，北京某软件公司为刘某办理档案转移、社会保险关系转出，并给付刘某补偿金人民币7000元。

三、点评解析

（一）北京某软件公司扣押刘某档案的劳动争议纠纷是否超过了一年诉讼时效的规定

按照法律规定，北京某软件公司应当在与刘某的劳动关系结束后15日内为刘某办理档案、社会保险关系转移手续，超过15日未予办理即侵犯了刘某的权利。对于该类纠纷的诉讼时效的计算时间，我国劳动相关法律没有明确规定。档案虽然本身没有财产价值，但其是劳动者个人工作经历最重要的记录，是单位进行考核、晋升以及奖惩的重要依据，能为劳动者个人带来利益。社会保险关系的价值更是和劳动者紧密联系，没有它劳动者无法缴纳社会保险，无法享受医疗、失业等待遇。所以，单位扣押档案、社会保险关系是一种侵权行为，可以参照我国《民事诉讼法》中关于侵权行为的诉讼时效的规定，应当从其侵权行为结束时计算时效。本案，北京某软件公司扣押刘某档案及社会保险关系的侵权行为是持续存在的，本案审理时北京某软件公司的侵权行为依然存在，所以本案不存在超过诉讼时效的问题。

（二）刘某是否需要向北京某软件公司赔偿违约金

本案中虽然刘某不需要向北京某软件公司赔偿违约金，但北京某软件公司一直以此为扣押刘某档案的理由。我国法律明确规定，除了两种情况外，不得约定劳动者承担违约金。两种情况分别是：《劳动合同法》第二十二条规定："用人单位为劳动者提供专项培训费用，对其进行专业技术培训的，可以与该劳动者订立协议，约定服务期。劳动者违反服务期约定的，应当按照约定向用人单位支付违约金。违约金的数额不得超过用人单位提供的培训费用。用人单位要求劳动者支付的违约金不得超过服务期尚未履行部分所应分摊的培训费用。”第二十三条规定：“用人单位与劳动者可以在劳动合同中约定保守用人单位的商业秘密和与知识产权相关的保密事项。对负有保密义务的劳动者，用人单位可以在劳动合同或者保密协议中与劳动者约定竞业限制条款，并约定在解除或者终止劳动合同后，在竞业限制期限内按月给予劳动者经济补偿。劳动者违反竞业限制约定的，应当按照约定向用人单位支付违约金。”而本案中，北京某软件公司以为刘某办理北京市户口为由约定服务期，显然是不符合法律规定的，所以要求刘某支付违约金没有依据。

另外，本案中北京某软件公司在履行劳动合同的过程中没有足额为刘某缴纳社会保险，是其违约在先。国家建立社会保险制度，保障公民在年老、疾病、工伤、失业、生育等情况下依法从国家和社会获得物质帮助的权利。所以，我国《劳动合同法》第三十八条规定：“用人单位未依法为劳动者缴纳社会保险费的，劳动者可以解除劳动合同。”本案刘某辞职未果后离职并不构成违约。

（三）北京某软件公司不予办理档案转移，是否需要赔偿刘某因扣押档案造成的损失，判令赔偿刘某两万元损失是否得当

《劳动合同法》第五十条规定的办理档案转移是不附加任何

条件的，只要劳动关系结束后，单位就应在15日内办理。即使刘某辞职未办理辞职手续，双方还存在其他劳动争议，北京某软件公司为刘某办理档案及社会保险关系转移的法定义务也是不能免除的。所以，北京某软件公司不及时为刘某办理档案及社会保险关系转移存在过错，应当赔偿刘某因此而造成的损失。

关于用人单位扣押档案迟延转移，劳动者要求赔偿的具体数额，我国法律没有明确规定，而2009年8月17日，北京市劳动局、北京市高级人民法院《关于劳动争议案件法律适用问题研讨会会议纪要》中第41条规定："因用人单位的过错而使档案迟延移转，劳动者要求用人单位赔偿损失，劳动仲裁委或人民法院在确定赔偿金额时，可参照《北京市失业保险规定》及相关政策文件的规定。"本案北京某软件公司自2006年9月开始扣押刘某档案至2010年，北京市失业保险金每月最低领取标准，2006年为每月392元，2007年为每月422元，2008年为每月502元，2009年为每月562元。根据该规定北京某软件公司需要赔偿刘某仅仅是扣押档案一项的数额已经超过了两万元。而该公司同时扣押了刘某的社会保险关系，致使刘某无法享受相关医疗报销补贴，其损失也应当由北京某软件公司赔偿。所以，本案刘某以要回档案、社会保险关系为主要目的，要求赔偿两万元的数额是合理的。法院支持刘某的诉讼请求是正确的。

四、实务提示

一是，劳动者在劳动争议发生以后要及时地向劳动争议仲裁委员会申请仲裁，在遇到仲裁委员会不予受理的情形时，要求其出具不予受理通知书。由于劳动争议仲裁委员会在对一些事实认定、法律适用上会有一些不同的认识，在拿到不予受理通知书后，要在15日内及时向法院提起诉讼。

二是，用人单位为员工足额缴纳各项社会保险是一项法定的义务，不以任何理由而可以不交、少交。如果出现不交、少交的情况即构成违约，员工可以以此为理由提出解除劳动合同。本案中北京某软件公司最后之所以没能让刘某缴纳赔偿金，反而同意向刘某支付赔偿金，其最主要的因素就是公司没有足额为刘某缴纳社会保险，刘某解除劳动合同（离职）合法，不构成违约。

五、研讨问题

1. 扣押档案是否存在超过诉讼时效的问题？

2. 用人单位以解决户口为由约定服务期，并约定违约金，劳动者未满服务期是否需要赔偿？

3. 因有劳动争议未解决，单位扣押劳动者档案是否需要向劳动者进行赔偿？

注：本文选自《劳动法疑难问题与典型案例》（2012年，北京大学出版社），作者：方富贵、栗晓勉。

第五节 用人单位、员工分别提出解除劳动关系，谁的解除是合法的？

——周某与北京某汽车销售公司劳动争议案

案件类型：劳动争议

当事人概况

申请人：周某（北京某汽车销售服务有限公司职工）

被申请人：北京某汽车销售服务有限公司

一、基本案情

周某原系公司职工。2008年8月23日入职，公司与周某在2008年9月23日签订为期1年的劳动合同，合同期限为2008年9月23日至2009年9月22日，试用期为1个月[①]（2008年8月23日至2008年9月22日）。2009年8月23日又续签1年的劳动合同，合同期限为2009年8月23日至2010年8月22日，岗位为钣金工。

① 公司把试用期排除在劳动合同期限之外是错误的。

2009年12月16日，一辆锐志事故车进厂维修，主修人为周某（钣金工）和机修技工王某，2010年1月16日修理完毕出厂。

2010年3月27日，该车因右前门限位器未安装造成返厂维修，导致客户极为不满。

2010年3月31日，周某签字认可员工过失处罚单中的过失描述，包括认可该车返修费用为人民币8677.93元以及给予客户补充的交通费人民币913元。

2010年4月6日至9日，周某休年假4天。随后周某亦未到公司上班。

2010年4月10日，公司作出决定，由周某承担人民币7804.93元，并罚款人民币1000元，合计人民币8804.93元。

2010年4月15日，公司发放员工3月份的工资时，直接从周某的工资中扣除了上述费用人民币8805元。

2010年4月16日，公司以周某“于2010年4月12日至15日无故连续旷工为由，且在2010年1月份维修车辆过程中存在严重失职行为，给公司造成重大损害为由”作出了《解除劳动合同通知书》，对该通知书公司未能提供证据送达周某。

2010年4月27日，周某委托律师，以未缴纳社会保险和克扣工资、未支付加班费为由，通过邮政EMS向公司发出了《解除劳动合同通知书》，并保留了送达证据。

2010年4月29日，公司通过邮政EMS向周某邮寄了答复，该答复的主要内容是:

（1）公司因你违反公司制度已于2010年4月16日决定解除与你签订的劳动合同，故劳动合同关系自2010年4月16日已解除，你之通知无解除效力。

（2）对于你提出的解除原因，我公司不认可。同时，还一并邮寄来了落款为2010年4月16日的《解除劳动合同通知书》。

2010年5月18日，周某向北京市某区劳动争议仲裁委员会申请仲裁，请求事项：

（1）返还2010年3月份所克扣工资人民币8805元及25%的经济补偿金2201.25元；

（2）支付2010年4月份工资人民币4138.02元；

（3）支付2008年8月23日至2010年4月27日的未休年休假工资差额人民币2298.9元；

（4）支付2008年8月23日至2010年4月27日的法定节假日加班费人民币12329.46元及25%的经济补偿金3082.37元；

（5）支付2008年8月23日至2010年4月27日的解除劳动合同的经济补偿金人民币1万元及50%的额外经济补偿金5000元；

（6）赔偿自2008年8月23日至2010年4月27日未缴纳社会保险所造成的损失人民币3996元。

二、处理结果

经审理，仲裁裁决如下：

（1）北京某汽车销售服务有限公司于本裁决书生效之日起

15日内返还周某2010年3月份工资人民币4402.5元。

（2）于本裁决书生效之日起15日内支付周某未休年休假工资报酬人民币820.3元。

（3）于本裁决书生效之日起15日内支付周某2008年8月23日至2010年4月27日的法定节假日加班工资差额人民币368元及25%的经济补偿金92元。

（4）于本裁决书生效之日起15日内支付周某解除劳动合同经济补偿金人民币9715.22元及50%的额外经济补偿金4857.61元。

（5）于本裁决书生效之日起15日内赔偿周某养老保险损失人民币361.6元；

（6）驳回周某的其他仲裁请求。

裁决后，双方均没有起诉到人民法院，最后，公司依照裁决书裁定的内容向周某支付了上述款项，双方之间的纠纷得到解决。

三、点评解析

（一）北京某汽车销售服务有限公司与周某之间劳动关系的解除，哪个是合法的

从以上案情的介绍以及仲裁委的裁决，我们可以看出：

（1）周某在2011年4月12日之后连续旷工，应属于严重违反了单位的规章制度，但是公司提供的考勤表存在瑕疵，且周某

对此考勤表不予认可。对公司主张的周某连续旷工，严重违反了单位的规章制度，仲裁委未予以认定。

（2）周某已经对员工过失处罚单中的过失描述是否属实签字认可，且存在返修车辆的事实以及单位损失的事实，公司依据“严重失职、营私舞弊，对用人单位利益造成重大损害的”法律规定，依法解除与周某的劳动关系。但是，2010年4月16日，公司在作出的解除劳动关系之《解除劳动合同通知书》未能有效送达，亦未能提供证据证明送达周某，从而导致公司作出的《解除劳动合同通知书》未能依法解除双方之间的劳动关系。

依照我国《劳动合同法》第三十九条第（2）（3）项，《北京市劳动合同规定》第三十条第（2）（3）项之规定以及公司员工手册内部规章制度的规定，公司可以依法解除与员工周某之间的劳动关系，但由于种种原因，公司未能正确处理。

随后，周某主动联系律师，通过邮政EMS向用人单位即公司发出了《解除劳动合同通知书》，提出的解除劳动关系合法、有效。理由如下：

（1）公司存在未及时支付劳动报酬的事实。2010年4月，公司要求周某赔偿汽车返修费用的绝大部分即人民币7804.93元，并罚款1000元，合计人民币8804.93元，远远超过了其《工资支付暂行规定》第十六条的规定：“因劳动者本人原因给用人单位造成经济损失的，用人单位可按照劳动合同的约定要求其赔偿经济损失。经济损失的赔偿，可从劳动者本人的工资中扣除。但每月扣除的部分不得超过劳动者当月工资的20%。”公司属于未及时支付劳动报酬。

（2）公司存在未上保险的事实。周某2008年8月23日入职，属于农业户籍，而公司自2009年3月起才开始为其缴纳养老和失业保险，公司未依法为劳动者缴纳社会保险费，该违法行为自双方建立起劳动关系时发生且持续存在。

公司的上述行为违反了我国《劳动合同法》第三十八条第一款之规定:“用人单位有下列情形之一的，劳动者可以解除劳动合同：……（二）未及时足额支付劳动报酬的；（三）未依法为劳动者缴纳社会保险费的……”故周某于2010年4月27日向公司提出解除双方之间的劳动关系，是合法的。

同时，周某在符合依法解除合同的情况下，为了保留解除劳动合同的证据，特别通过邮政EMS邮寄给公司，并向仲裁庭提交了邮政EMS单据和从邮局调查取得的公司签收回执单。故周某向用人单位即公司发出《解除劳动合同通知书》，提出解除劳动关系是合法、有效的。

（二）员工周某存在严重失职，公司是否有权从其工资中直接扣除用人单位的损失和罚款

（1）公司是否有权从其工资中直接扣除用人单位的损失。本案中，周某在维修车辆过程中，确实存在工作上的过失，并给公司造成了损失。根据《北京市劳动合同规定》第五十条以及《工资支付暂行规定》第十一条、第十六条之规定，因劳动者给用人单位造成损失的，用人单位可按照劳动合同的约定要求其赔偿经济损失。经济损失的赔偿，可从劳动者本人的工资中扣除。

劳动争议仲裁委员会亦认定了周某的赔偿责任，因有证据显示周某在维修车辆中负有一定的过失，应承担一定的赔偿责任，酌情认定周某应赔偿公司人民币4402.5元。

综上，用人单位有权从劳动者本人的工资中扣除经济损失的赔偿，但每月扣除的部分不得超过劳动者当月工资的20%。若扣除后的剩余工资部分低于当地月最低工资标准，则按最低工资标准支付。所以，劳动仲裁委的认定亦是正确的。

（2）公司无权向周某进行处罚，当然亦无权直接从其工资中直接扣除该罚款。根据我国《立法法》和《行政处罚法》的规定，对财产的处罚只能由法律、法规和规章设定，公司无权设立处罚规则。

目前，一些用人单位可能还停留在以前的认识上，1982年国务院颁布的《企业职工奖惩条例》规定了用人单位有经济处罚权，但是该条例已经在2008年1月15日废止。

所以，公司无权向周某进行处罚，当然亦无权直接从其工资中直接扣除该罚款。

四、实务提示

（一）遵守法律的规定，严格履行自己的法定义务

本案中，由于用人单位没有及时为员工周某缴纳社会保险，

导致周某利用这一法定解除劳动合同的理由，成功解除了劳动合同，并正确地向用人单位送达了劳动合同解除通知书，维护了自己的权利，捍卫了法律的尊严。

（二）及时保留证据，利用证据规则，固定证据维护权利

本案中，如果用人单位利用好周某违反单位规章制度这一解除劳动合同的条件，完全可以不支付经济补偿金。然而，用人单位在操作解除劳动合同通知书时，没有正确送达导致送达无效，最后承担不利的法律后果。

注：本文选自《劳动法疑难问题与典型案例》（2012年，北京大学出版社），作者：方富贵。

第六节　如何判断劳动者与用人单位之间存在劳动关系？

——李某与北京某窗帘用品公司劳动关系确认案

案件类型：劳动关系确认

当事人概况

申请人：李某

被申请人：北京某窗帘用品公司

一、基本案情

2012年5月李某向北京市朝阳区劳动争议仲裁委员会申请仲裁，李某称：我于2010年9月25日入职北京某窗帘用品公司，任职项目管理，月薪3000元，每月25日发放上月整月工资，未签订劳动合同、未缴纳社会保险、未休年休假，而且克扣工资。2012年4月30日北京某窗帘用品公司将我无故辞退。

仲裁请求为：1. 支付2010年10月25日至2011年9月24日未签订劳动合同双倍工资的另一倍工资33000元；2. 支付2010年9月25日至2012年4月30日未休年休假工资2896元；3. 支付2010年9月25日至2012年4月30日法定节假日加班费4965元及

25%的经济补偿金1241元、休息日加班费37517元及25%的经济补偿金9380元；4. 支付2012年3月1日至2012年4月30日工资6000元及25%的经济补偿金1500元；5. 支付违法解除劳动关系的赔偿金12000元。

被申请人北京某窗帘用品公司辩称：我公司与申请人不存在劳动关系，故要求驳回李某的各项请求。

为了证明双方存在劳动关系，申请人李某提供四份证据，分别为：1. 样品帘确认单，该证据显示有“北京某窗帘用品公司工程部专用章”；2. 证明（证人未到庭），证明上显示有“北京某公司项目经理部，签订经济合同、结算、担保、借款无效”印章；3. 三方合同（复印件）；4. 工程图纸，该证据显示有“北京某窗帘用品公司”公章。对以上证据，北京某窗帘用品公司对证据1、2、3的真实性、合法性、关联性均不予认可，对证据4认可图纸上所盖公章的真实性，但不认可关联性，并主张李某与北京某窗帘用品公司之间不存在劳动关系，同时提供了公司的2010年1月至2012年6月的工资表和与他人签订的安装分包协议书，以证明双方之间不存在劳动关系。

二、审理结果

北京市朝阳区劳动争议仲裁委员会审理认为：李某对其与北京某窗帘用品公司存在劳动关系负有举证责任，但李某所提交的样品帘确认单、工程图纸，虽然显示有北京某窗帘用品公司工程部专用章、公章，但未能显示李某与北京某窗帘用品公司有关联性；三方合同没有原件，无法核实该证据的真实性及证据来源；证明上虽显示有北京某公司项目经理部章，但证人未到庭，且北京某窗帘用品公司不认可，不能证明双方存在劳动关系。故对李某的主张不予采信，其各项请求事项均无事实依据，不予支持，驳回李某的请求。李某收到裁决后没有向法院起诉。

三、评审意见

本案争议的焦点是李某与北京某窗帘用品公司是否存在劳动关系？李某的证据是否能证明其与北京某窗帘用品公司存在劳动关系？

关于劳动关系的认定，劳动和社会保障部下发了《关于确立劳动关系有关事项的通知》，其中明确规定了事实劳动关系成立需同时具备三个条件：（一）用人单位和劳动者符合法律、法规规定的主体资格；（二）用人单位依法制定的各项劳动规章制度适用于劳动者，劳动者受用人单位的劳动管理，从事用人单位安排的有报酬的劳动；（三）劳动者提供的劳动是用人单位业务的组成部分。而对于一些能够作为证明劳动关系的证据也作出了规定：（一）工资支付凭证或记录（职工工资发放花名册）、缴纳各项社会保险费的记录；（二）用人单位向劳动者发放的“工作证”“服务证”等能够证明身份的证件；（三）劳动者填写的用人单位招工招聘“登记表”“报名表”等招用记录；（四）考勤记录；（五）其他劳动者的证言等。

本案中申请人李某所提供的证据均不是法律规定的证据形式，也不能证明其与北京某窗帘用品公司有劳动关系。而北京某窗帘用品公司提供的工资支付凭证证明李某与其公司没有劳动关系。所以，北京市朝阳区劳动争议仲裁委员会的仲裁裁决是正确的。

四、实务提示

在没有劳动合同的情况下，劳动者应该如何证明与用人单位存在劳动关系的事实？

（一）需要证实已经存在具体的劳动行为

劳动关系的对象指向的是劳动行为，该行为的形成、存在以及终结是形成劳动关系的重要标准。只有劳动者按照用人单位的要求，通过支付相当的体力和智力，完成用人单位布置的工作内容，创造了劳动成果，并归用人单位所有，才意味着劳动者已经向用人单位让渡了自己的劳动力使用权，提供了有偿劳动，从法律上形成一种劳动关系。否则，既无口头约定又无实际付出劳动，不可能形成劳动关系。

（二）需要证实已经形成了从属关系

这一类型的案例基本都是劳动者与用人单位的生产资料相结合，进行特定的生产工作，服从劳动分工和工作安排，接受用人单位的管理和监督，并从用人单位处获得劳动报酬和有关福利待遇。在一定时期内，劳动者从属于用人单位，两者形成一种稳定的管理与被管理关系。这是事实劳动关系的重要特征和重要组成部分之一。

（三）需要证实具备默认的意思表示

在劳动者和用人单位之间存在着意思表示合意的要素，这种合意可以是通过行为默认或者是通过口头约定而成的，双方存在从属关系的事实在客观上等同于双方当事人间已经存在订立契约的意思表示。

（四）用人单位未与劳动者签订劳动合同，劳动者可以提供相应凭证

1. 工资支付凭证或记录、缴纳各项社会保险费的记录；

2. 用人单位向劳动者发放的“工作证”“服务证”等能够证明身份的证件；

3. 劳动者填写的用人单位招工招聘“登记表”“报名表”等招用记录；

4. 考勤记录；

5. 其他劳动者的证人证言。

五、研讨问题

劳动者与用人单位是否存在劳动关系的证据如何认定？

注：本文选自《北京市第十三届劳动人事争议案例研讨会材料》，作者：方富贵。

第七节　如何判断个人合作经营中的劳动关系？
———李某与中国XX大学劳动关系案

案件类型：劳动关系

当事人概况

申请人：李某

被申请人：中国XX大学

一、基本案情

2003年3月1日，中国XX大学后勤集团餐饮中心（以下简称为餐饮中心）与王某签订了三年期的《合作经营协议书》，该协议书显示“经双方协商，合作经营学校食堂窗口并达成如下协议：……三、合作经营条件……2. 王某应自行负责聘用员工，自己负责承包窗口的经营，其聘用的员工与甲方无任何劳动关系……四、合作经营费用及付款方式……2. 王某从营业额中提取30%作为间接成本回收，其中15%用于上交餐饮中心，15%支付该部分维修改造，添置一些必要的设备、炊具、餐具用具和一些必要的日常开支等……七、有关规定……2. 王某如在用工过程中产生劳动纠纷，由王某自行承担相关赔偿款项……4. 王某须遵守学校的相关规定……”上述《合作经营协议书》每届满三年一签，一直续签到2014年2月28日。

2003年7月1日，李某经人介绍入职餐饮中心工作，职务是厨师。李某需要遵守餐饮中心及某区卫生监督所制定的食品卫生方面的规定，餐饮中心对李某所在的窗口进行饭菜质量评价并填写《餐饮中心班组每日饭菜质量评价表》、《食品添加剂使用登记表》等，各窗口统一采货，二窗口需填写统一的《第一食堂保险库进出库记录》。双方未签订劳动合同，餐饮中心亦未为其缴纳社会保险及支付加班费等。

2011年12月11日，李某离开餐饮中心。

2012年3月8日，李某向北京市某区劳动人事争议仲裁委提起仲裁申请，要求：

1. 自2008年2月1日至2012年1月31日期间未签订书面劳动合同二倍工资差额为人民币221928元；

2. 2012年1月1日至2012年1月31日拖欠的工资为人民币5284元；

3. 2003年7月1日至2012年1月31日期间未休年假工资14580元；

4. 2003年7月1日至2012年1月31日期间延时加班工资533702.4元及25%的经济补偿金133425.6元；

5. 2003年7月1日至2012年1月31日期间休息日加班工资725587.2元及25%的经济补偿金181396.8元；

6. 2003年7月1日至2012年1月31日期间法定节假日加班工资118195.2元及25%的经济补偿金29548.8元;

7. 违法解除劳动关系的经济补偿金89828元;

8. 2003年7月1日至2009年12月31日期间未缴纳养老保险赔偿金60000元以及失业保险一次性生活补助费30000元。

2012年4月17日,中国XX大学提交了答辩书以及四份《合作经营协议》、李某领取报酬的签字材料等证据。

中国XX大学辩称:李某所在的我校餐饮中心第一食堂二号窗口的承包人是王某,我校与王某签订的《合作经营协议》中已明确约定由王某自行负责聘用员工,自行负责承包窗口的经营;李某为自愿参加王某经营的窗口的合伙人,同为二窗口的管理者,其工资与流水额相关,属于合伙分成的性质。综上,李某与我校不存在劳动关系,不同意其全部申请请求。

二、审理结果

北京市某区劳动人事争议仲裁委认为,中国XX大学虽主张二窗口已发包给了王某,并提交了《合作经营协议》,但该协议为其与第三方王某的内部约定,该协议所载内容并未体现双方为承包关系,王某作为不具有用工主体资格的一方在合作经营过程中不能作为与劳动者建立劳动关系的主体,相关的法律责任应由具有用人主体资格的中国XX大学承担,中国XX大学仅以李某工资中包含与流水额挂钩的部分为由主张李某与王某为合伙关系依据不足，且李某的工资构成中包含基本工资，故本委对其主张不予采信。综上，李某的劳动关系应归属于中国XX大学，相关的权利义务亦应由中国XX大学承担。

三、评析意见

王某与餐饮中心虽然签订了个人《合作经营协议》，但李某与中国XX大学之间存在劳动关系。

（一）从劳动关系成立的主体资格看

王某与餐饮中心签订了个人《合作经营协议》，餐饮中心则属于被申请人的下属机构，不是独立的法人组织，且不具有用工主体资格；王某亦不具有用工主体资格；而申请人李某与被申请人均符合劳动法律、法规规定的适格的劳动合同主体，被申请人亦具有用工主体资格。

（二）从约定的内容看

《合作经营协议》中约定："王某须遵守学校的相关规定。"以及申请人李某提交的证据：1. 北京市某区食品安全责任书；2. 餐饮服务中心各部门安全责任书；3. 餐饮服务食品安全承诺书；4. 各班组主、副食谱；5. 保鲜库进（出）库记录；6. 餐饮中心班组每日饭菜质量评价表；7. 食品添加剂使用登记表。可以证明申请人属于被申请人单位的成员，被申请人制定的各项劳动规章制度亦适用于申请人，申请人受被申请人的劳动管理，申请人提供的劳动是被申请人业务的组成部分。

（三）从被申请人提交的李某领取报酬的签字材料等证据，可以证明被申请人按月向申请人发放工资，且工资中含有基本工资、提成工资等，申请人从事被申请人安排的有报酬的劳动

王某与餐饮中心虽然签订了个人《合作经营协议》，并约定了“王某如在用工过程中产生劳动纠纷，由王某自行承担相关赔偿款项”。但该约定应属无效约定，被申请人中国XX大学并不能据此拒绝承担劳动法上的责任。

劳动关系的根本特征是劳动者与用人单位之间形成付出劳动与支付劳动报酬、接收管理和实施劳动管理的权利义务关系。根据劳社部发〔2005〕12号文《关于确立劳动关系有关事项的通知》第一条规定：“用人单位招用劳动者未订立书面劳动合同，但同时具备下列情形的，劳动关系成立。（一）用人单位和劳动者符合法律、法规规定的主体资格；（二）用人单位依法制定的各项劳动规章制度适用于劳动者，劳动者受用人单位的劳动管理，从事用人单位安排的有报酬的劳动；（三）劳动者提供的劳动是用人单位业务的组成部分。”因此，李某与中国XX大学之间存在劳动关系。

四、研讨问题

1. 如何判断合作经营协议中的劳动关系？

2. 劳动和社会保障部《关于确立劳动关系有关事项的通知》第四条规定：“建筑施工、矿山企业等用人单位将工程（业务）

或经营权发包给不具备用工主体资格的组织或自然人，对该组织或自然人招用的劳动者，由具备用工主体资格的发包方承担用工主体责任。”其中的适用主体除建筑施工、矿山企业等用人单位外，还包括哪些?

注：本文选自《北京市第十四届劳动人事争议案例研讨会材料》，作者：方富贵、栗晓勉。

第八节　劳动者未遵守竞业限制义务是否承担赔偿责任？

——尤某某与D公司竞业限制案

案件类别：竞业限制

当事人概况

上诉人【原审被告】：尤某某

被上诉人【原审原告】：D公司

一、遭遇巨额索赔，尤某某来到首特律师所

2016年5月25日下午两点，北京的气温高达30度，紫外线非常强，让人体会到夏日来临的滋味。尤某某在家人的陪同下来到了北京首特律师事务所，我和同事栗律师接待了尤某某。

尤某某对案件作了基本的介绍，北京某著名互联网公司S公司旗下的D公司作为申请人，到北京市劳动人事争议仲裁委员会申请仲裁，尤某某为被申请人，仲裁请求有三项，分别是：请求裁决确认被申请人违反了《劳动合同》的约定，侵犯了申请人的商业秘密，并通过不正当竞争行为，为自己和第三方谋取利益；请求裁决被申请人向申请人赔偿损失人民币1192100元；请求裁

决被申请人承担申请人为本案支付的律师费用人民币50000元。

面对人民币一百多万元的赔偿主张，尤某某及其家人都非常担心、焦虑和难过，尤某某自从2010年参加工作至今，亦没有挣这么多工资。随后，尤某某又介绍了其签订《劳动合同》的基本情况：

2010年5月5日，尤某某与D公司分别签订了《劳动合同》《企业商业秘密保密协议》《不竞争协议》，约定劳动合同的期限为2010年5月5日至2013年5月31日。

2012年1月1日，尤某某与D公司之间的《劳动合同》还没有履行届满，又被要求与北京外企人力资源服务有限公司签订了《劳动合同书》（派遣类），约定劳动合同期限为：2012年1月1日至2015年1月31日。同日，尤某某与S公司旗下的M公司、W公司、S公司旗下的F公司签订了《劳动关系四方协议》，终止了尤某某与该公司签订的《劳动合同》。

2013年5月1日，尤某某与W公司之间的《劳动合同》还没有履行届满，又被要求与D公司公司签订了《劳动合同》《不竞争协议》，约定劳动合同期限为2013年5月1日至2016年5月31日。其中，《不竞争协议》第2.2条约定："在甲方任职期间，未经甲方事先书面同意，乙方（尤某某）承诺：不得从事获酬的第二职业；乙方和乙方的关联人不在竞争新单位或与甲方有直接经济往来的其他经济组织和社会团体内接受或取得任何职务；不得利用在甲方的任职通过任何不正当手段获取利益，不得利用在公司的地位和职权为自己谋取私利。就本协议而言，乙方的关联人包括但不限于：乙方担任管理人员或作为合伙人或直接或者间接地拥有10%或以上权益的任何种类的机构；乙方拥有重大占有权益或乙方作为受托人（或类似的委托职务）的任何信托或其他财产。”同时，第4.1条约定“乙方不履行本协议2.1、2.2、2.3、2.6、2.7条规定的义务，应当承担违约责任，甲方有权对乙方给予相应的处分，并要求损失赔偿。”

通过尤某某以上对劳动合同签订情况的介绍，我初步判断S公司一方在利用关联公司等主体签订三份固定期限的劳动合同，可能是为了避免与尤某某签订无固定期限劳动合同。这或许亦是我们一方从仲裁主体不适格入手的有利证据，当我正在冥思之时，尤某某继续介绍道：

2016年1月21日，尤某某通过单位的系统提交了离职信，并于2016年2月17日办理了《离职证明》，随后档案及社保转到街道。

2016年2月25日，尤某某离职后，迫于压力向单位出具了书面材料《说明》，承认在G公司作为挂名股东，挂名担任G公司监事高管职务，仅仅是为G公司提供业务上的建议和顾问服务，但没有任何报酬。

我看了看尤某某提供的《劳动仲裁申请书》，其中有一段内容是：“在《劳动合同》生效期间，申请人为三档视频自制节目《先锋人物》……的拍摄和后期制作寻找服务供应商。作为申请人指派的《先锋人物》……的总导演和制片人，在申请人寻找供应商的过程中，被申请人多次、主动向申请人推荐G公司。2014年1月，申请人与G公司确立合作关系，由G公司为该两档节目提供拍摄和后期制作服务。申请人与G公司的合作于2014年8月结束，申请人向G公司支付了人民币2384200元的服务价款。”

我赶紧打开手机上的启信宝App，一查果然如此，尤某某担任G公司股东、监事高管职务，我为此一惊，尤某某确实违反了双方签订的《不竞争协议》第2.2条之约定，且案件在2016年5月31日开庭，留给我们律师的准备时间只有5天。作为执业多年的律师，我必须理性冷静，从案件中找到对尤某某有利的证据，依法保护其最大的合法权益。通过尤某某对案件的基本案情介绍，我们认真详细地进行了法律分析与风险提示，并就律师代理费用等内容进行了沟通，然后制作了《接案报告书》，经尤某某签字确认后，办理了委托代理手续。

二、巨额索赔仲裁被驳回，尤某某如释重负

2016年5月31日下午1∶30，北京市劳动人事争议仲裁委员会第一仲裁庭上，我和栗律师作为尤某某的代理人正在参加仲裁审理，依法向仲裁庭提交了书面的《劳动仲裁答辩书》《证据目录》以及《调查申请书》。

基于对本案的基本了解，我判断用人单位将不会派人参加庭

审，因此，我决定不让尤某某参加庭审，果不出所料，D公司只派代理律师出庭。

作为尤某某的代理人，我方分别从申请人的主体不适格、被申请人未使用其商业秘密且不构成不正当竞争，亦未造成其损失等入手，提出被申请人的主张既无事实又无法律依据，依法应予驳回。同时，申请人在其《劳动仲裁申请书》中的陈述，违背事实，进行虚假陈述，该行为违反了《中华人民共和国民事诉讼法》第十三条第一款规定的诚实守信原则，为法律所禁止，理应受到法律的制裁！

经过两个多小时激烈的庭审，以下有利于我方的事实得以固定下来：首先，我方提出的主体不适格，通过查询工商登记信息显示，D公司与F公司的股东等不同，依据《中华人民共和国公司法》第二百一十六条第（四）项之规定，无法证明D公司与F公司之间存在关联性，且D公司没有提供相应的证据证明二者之间有关联性。因此，申请人D公司并不是《先锋人物》等的供应商。第二，D公司确认了由F公司支付给G公司的人民币2384200元的服务款项，是一种提供服务的对价，合同履行过程未造成损失。第三，D公司声称其与F公司是平行公司，法律上并没有该概念，且我方不予认可其主张的平行公司之关系。第四，我方向仲裁庭提交的向G公司调查关于G公司与F公司之间合作的《调查申请书》，仲裁庭收下并询问是否还坚持调查申请书，我方回答坚持……

最后，仲裁庭询问双方是否同意调解，作为申请人的D公司坚决不同意，我方回答同意，但基于一方不同意调解，仲裁庭不再做调解工作。走出仲裁庭，我感觉胜利有望，心中多了一份从容和轻松。

2016年6月8日，我方收到了北京市劳动人事争议仲裁委员会作出的京劳人仲字〔2016〕第321号裁决书，裁决驳回D公司的全部仲裁请求。尤某某脸上终于露出了淡淡的微笑，如释重负。有些时候，用人单位一方首先提起劳动仲裁，其仲裁诉求，不会仅仅是因为钱财，很可能会涉及用人单位的其他方面。因此，我提醒尤某某，D公司不会就此善罢甘休的，会到法院提起诉讼，要做好思想准备。

三、接到法院通知，尤某某再次来到首特律师所

正如我所料，D公司在接到仲裁裁决书后，向北京市海淀区人民法院提起了诉讼。2016年7月9日，尤某某带着海淀区法院送达的《起诉状》《传票及举证通知书》，再次来到北京首特律师事务所，我负责接待尤某某。又进行了一轮法律风险提示，并制作《接案报告书》，办理委托代理手续。

四、一审一波三折，忐忑中寻突破

按照法院送达的《传票及举证通知书》的要求，我和栗律师于2016年7月13日14:00准时到达了海淀区法院进行证据交换，

我方向法庭递交了《证据及证据目录》《民事答辩状》以及《调查申请书》。然而，D公司没有来人，我方则收到了书记员转交D公司立案时提交的证据。尤某某一脸的紧张，我的内心亦有些忐忑不安，觉得D公司在想尽办法去赢得诉讼，但我确信，D公司全面翻盘的可能性不是太大，毕竟仲裁阶段固定了有利于我方的一些证据，D公司想推翻谈何容易。

2016年7月27日10:00开庭，D公司先是撤回了一部分诉讼请求。随后，在质证阶段，D公司提交了数量超过仲裁阶段一倍的证据，并打乱了立案时提交证据的顺序，其中有三份公证书和二份翻译文件。我对D公司立案时没有提交的证据，要求先给我方一份，等下次开庭再质证，而主审法官则说，先简单发表一下质证意见，然后庭后再提交书面的质证意见。鉴于对案件的内心判断和采取的质证意见措施，我没有再继续坚持，遵从了法官的安排。当D公司举证进行到第一份公证书时，法官问我，对此证据有何意见？我则回答道，对该证据不予认可。法官又问，对公证书的什么不予认可？是真实性？还是关联性和合法性？我则回答道，对“三性”均不予认可，具体详细理由请见庭后提交的《书面质证意见》。最后，法官要求我方必须在三日内依法提交《书面质证意见》。

质证就这么结束了，我方终于算是躲过庭审中的“一劫”，说句心里话，当时还真怕法官给我“穿小鞋”，做律师最怕法官采取依法“制裁”。2017年7月28日，我通过邮政EMS向海淀区法院邮寄了《书面质证意见》，随后并打印了法院签收的网页，与EMS单据、《书面质证意见》复印件一并装订放入卷宗。

2016年10月26日14:00，第二次开庭。此次开庭，距上次开庭整整过去了三个月，已经超过了《中华人民共和国民事诉讼法》第一百六十一条规定的简易程序三个月的审理期限，法官宣布此案转为普通程序，又走了一遍庭审程序。在这三个月，当事人尤某某忧心忡忡，不断给我打电话，我则不断给其分析当前司法改革等社会环境正向依法治国、司法公正的光明之路前行，并让其理解法院案多人少的现实处境。其实，在办理案件的过程中，律师的压力并不比当事人轻松，我亦时不时给法官打电话催问进展情况，焦急地等待着。

D公司是S公司旗下的一家公司，S公司的知名度众人皆知，其社会影响力显而易见，但我始终相信：法院会依法公正审理此案，案件久拖不决，是因为法官的办案压力太大，案多人少，没有正常的休息时间，五加二，白加黑，满负荷运转，不堪重负，尤其是朝阳区法院和海淀区法院。试想，每天睁开眼睛都要面对几百件的未结案件，会是一种怎样的体验？而法官们扛着压力咬紧牙关努力不放弃，这是怎样的一种精神？不忘初心，砥砺前行！

2016年12月6日9:00，第三次开庭。此次开庭，D公司又有新举措，变更诉讼请求和事实依据。将原起诉状中诉讼请求第2项变更为：请求判决被告向原告赔偿损失人民币302500元，其他诉讼请求不变。事实依据是被告在G公司任职期间，通过G公司从原告处获利，同时在原告处领取工资，严重违反了《劳动合同》附件二《不竞争协议》第2.2条的约定。从2013年11月4日开始，被告无权从原告处领取工资。据此，原告依据相关法律的规定，请求法院依法判决被告赔偿自2013年11月4日至离职期间从原告处领取的工资，合计302500元。尽管我方依法还有权利要求给予十五日的书面答辩期，但考虑到普通程序审理期限将在2016年12月20日到期，主动放弃了该权利。

2016年12月13日，法院作出一审判决。一审法院认为：2013年5月1日，尤某某与D公司签订了《劳动合同》及附件，双方存在劳动关系。D公司的第一项诉讼请求属于没有具体的诉讼请求，因缺乏诉的利益而不适法，法院不予处理。同时，G公司与D公司在工商登记的经营范围有交叉，应当属于竞争性单位。尤某某在劳动关系存续期间确曾在G公司担任股东及监事，不论其是否对G公司进行实际经营，是否从该公司经营行为中获利，该行为均已经违反了《不竞争协议》第2.2条的约定。尤某某违反约定，应当承担违约责任，单位有权对其给予相应的处分，并要求损失赔偿。现D公司主张的损失数额难以量化，但尤某某确存在违反《不竞争协议》约定的行为，该种行为亦势必会对D公司造成一定影响，产生隐性利益损失，故一审法院综合考量后酌情判令尤某某向D公司赔偿损失人民币2万元；驳回其他诉讼请求。拿到这份沉甸甸的一审判决书，我作为尤某某的代理人，对一审法院的判决结果以及判决书的说理并不认可。主要理由如下：

第一，本案作为原告的D公司存在诉讼主体上的不适格。G公司与D公司之间没有直接经济往来，D公司亦没有提供合法有效的证据证明其和F公司是关联公司。如果如D公司所言，其是委托F公司制作节目，那么F公司与G公司之间的合作也不是与D公司“有直接经济往来”。G公司与F公司的经济往来，不能想当然地认定为D公司与尤某某属于签订《不竞争协议》第2.2条款中所约定的“与甲方有直接经济往来”之事实。尤某某在G公司的挂名股东一事，并未违反《不竞争协议》第2.2条约定之内容，而一审法院认定尤某某违反《不竞争协议》的第2.2条约定，没有事实依据，显然是错误的。

第二，从本案双方提交的证据以及质证、陈述的事实来看，G公司与F公司合作委托制作的《先锋人物》等节目，F公司向G公司支付的款项，是G公司提供服务的对价款。同时，G公司为F公司提供的服务完全符合合同约定，且这些节目制作完成后，F公司还获得了荣誉证书和奖杯，为其带来了很高的社会荣誉，这一点D公司也是完全认可的。所以，G公司与F公司合作委托制作的《先锋人物》等节目，不但没有给F公司或者D公司造成损失，而且是给其带来了经济效益和更高的社会荣誉。另外，尤某某在工作上没有给D公司造成损失。从D公司提供的证据表明，尤某某工作非常认真、工作能力很强、进步很快，得到了领导的肯定，圆满地完成了领导交办的工作，减轻了领导的工作压力。尤某某付出辛苦的劳动，理应得到相应的劳动报酬，尤某某的工作，没有给D公司造成任何经济损失，亦没有造成任何隐性的损失，法院却认定D公司主张的损失数额难以量化，存在严重的逻辑错误。因此，一审法院判决尤某某向D公司赔偿人民币2万元，没有任何事实和法律依据。

同时，我本以为当事人尤某某会认可一审法院的判决结果，未曾想，尤某某对案件的结果不认可，坚持认为一审法院判决缺乏说理，并坚决要求上诉。尽管如此，我尝试着做当事人尤某某的工作，并分析了上诉风险和利弊，包括经济成本和时间成本。但当事人对于法律公平正义的追求，往往并不亚于我们法律人！

五、二审和解止纷争，案结事了促和谐

2016年12月22日，尤某某通过一审法院递交了《民事上诉状》，向北京市第一中级人民法院提起了上诉，上诉请求为撤销（2016）京0108民初21763号民事判决书第一项；并改判驳回被上诉人的诉讼请求。上诉理由同对一审法院的判决结果以及判决书的说理并不认可的主要理由（此处不再赘述），本案依法进入到二审程序之中。

D公司未提起上诉。

2017年1月13日9:30，第一次开庭。经过我方宣读《民事上诉状》以及D公司答辩，法庭归纳了争议的焦点：第一，D公

司是否是适格的诉讼主体；第二，G公司与F公司的经济往来是否违反了《不竞争协议》第2.2条约定之内容。随后，法官询问双方，对以上归纳的争议焦点是否认可？我方表示认可并补充了一个争议焦点：尤某某的行为是否造成了D公司的经济损失？经过开庭审理，D公司提出有新证据提交，并要求递交延期申请书，法庭准许并要求在2017年5月24日之前提交，进入到休庭状态。

2017年5月4日9:30，第二次开庭。D公司提交了数份证据，包括中华人民共和国司法部委托香港律师办理内地使用的公证文书等证明书，并提出还有证据提交，但是在路途之中，并再次递交延期申请书，且声称为了取证，D公司花费了巨大的经济代价。法庭再次准许并要求D公司在2017年5月24日之前提交，又进入到休庭状态。

2017年5月24日9:30，第三次开庭。此时，离二审审理期限届满时间所剩无几。法官开始做双方的工作，我作为尤某某的代理人，提出了合理的诉求。经过数轮的谈判和沟通，最终双方冰释前嫌，达成和解，我方撤诉，法院作出准许撤回上诉的裁定。至此，从我2016年5月25日接案，恰恰一整年。这一年来，当事人尤某某没有参加工作，处在失业状态，还自己掏钱上保险。

这其中的辛酸，唯有当事人最为清楚！在该案中，我作为一名律师，是期冀法院最终的判决，我们法律人对法律的理解到底是怎样的一种分歧？但我作为尤某某的代理人，必须从多方综合考量，如果该案发回重审，将会出现更大的诉讼风险，增加大量的时间成本和经济成本；如果该案维持原判，上诉就没有达到应有的经济目的；如果改判了，驳回了D公司的诉讼请求，我方是皆大欢喜，但不会推翻法院认定尤某某违反《不竞争协议》的义务，相反，D公司会愈加觉得不平衡，为了取证，已经花费了几十万元的费用，万一再另辟蹊径提起其他诉讼呢？综合各种因素，我从维护当事人合法利益最大化为根本出发点，选择了和解之路。在和尤某某确定和解方案之后，我又竭尽全力促成和解的达成，可以不夸张地说，没有律师的介入，我相信当事人无法准确把握和解的时机，或许亦不能达成和解。

六、律师提示：劳动关系中的违约责任与赔偿责任之大不同

在该案中，我是员工一方的代理人，但我却从用人单位的角度进行律师提示，因为本案之所以曲折迂回，除了我方一再坚持的主体不适格外，更为重要的是，《不竞争协议》第4.1条款虽约定了违约责任，但没有约定支付违约金（违约金数额或计算违约金数额的方式），而是约定了违约赔偿损失。根据我国《民法总则》第一百七十九条第一款规定：“承担民事责任的方式主要有：（一）停止侵害；（二）排除妨碍；（三）消除危险；（四）返还财产；（五）恢复原状；（六）修理、重作、更换；（七）继续履行；（八）

赔偿损失；（九）支付违约金；（十）消除影响、恢复名誉；（十一）赔礼道歉。”因此，从上述法律规定中可以看出，赔偿损失与支付违约金属于承担民事责任的不同方式，在司法实践中，二者有本质上的不同，主要区别有两点：

（一）适用范围不同

赔偿损失是对已经发生的经济利益损失的赔偿责任，支付违约金是劳动合同一方因未履行劳动合同给对方造成利益上的损害（包括直接和间接经济利益）所承担的责任。

（二）举证责任不同

赔偿损失，劳动合同一方不但要举证证明存在损失且损失和加害行为有因果关系；而支付违约金，劳动合同一方认为对方违约，只要证明违约事实存在就可以了。一般来说主张支付违约金比较方便有利，因为无须证明对方有无过错、自己是否存在损失等情形。

综上所述，用人单位在制定《劳动合同》及相关附件包括但不限于《竞业禁止合同》《商业秘密合同》等，应充分考虑发生纠纷时的实操性，注意小细节，稍有不慎，便会给自己“添堵”，应在设计时多给自己“谋便利”。

注：本文选自《咫尺匠心——杰出劳动法律师办案手记》（2018年，中国法制出版社），作者：方富贵。

第九节 人事总监未签订劳动合同的主张成立吗？

——代某与贵州某投资管理有限公司劳动争议案

案件类型：劳动争议

当事人概况

申请人：代某

被申请人：贵州某投资管理有限公司

一、基本案情

2016年6月29日，申请人代某进入贵州某投资管理有限公司（被申请人），职位为人事总监，从事人力资源和行政管理工作。2016年9月5日，申请人离职。

2017年10月，申请人向贵阳市南明区劳动人事争议仲裁委员会提起仲裁申请。申请人称：2016年6月29日被任命为贵州某集团人事总监，协助集团执行董事陈某分管的三家公司（即三被申请人：贵州某集团投资管理公司、贵州某集团酒店管理公司及贵州某投资管理有限公司）的人力资源和行政管理工作，约定试用期为一个月，工资为20000元，试用期满后，即2016年8月1日起工资每月为25000元。同时还约定了工资由三被申请人按比例支付。2016年9月5日，申请人因执行董事陈某的无理言辞离职。工作期间被申请人未与申请人签订劳动合同、未缴纳社保。为此，特提出仲裁，请求：1. 三被申请人支付未签订劳动合同二倍工资25000元；2. 三被申请人支付2016年8月份工资25000元；3. 三被申请人为申请人缴纳7月至8月的社会保险。4. 三被申请人支付经济补偿金12500元。

被申请人贵州某集团投资管理公司、贵州某集团酒店管理公司辩称：申请人与我单位不存在劳动关系，存在仲裁主体不适格，仲裁请求没有事实和法律依据。

被申请人贵州某投资管理有限公司辩称：申请人仲裁申请的部分内容与事实不符。2016年6月29日，申请人入职到我公司，任人事总监一职，从事人力资源事务，负责员工的录用、劳动合同签订、培训、考核、薪资发放确认单制作、保管人事文件等。

2016年7月28日，我公司与申请人签订了劳动合同，约定工资为人民币20000元。同时，申请人为了少缴纳个人所得税，向执行董事陈某申请将自己20000元的工资分为三部分，我公司做8000元、其他两被申请人分别做6000元。关于社保问题，申请人告知我公司自己的社保已经在别的地方缴纳，不需要公司进行缴纳，而且申请人一直未中断其他地方缴纳的社保，我公司也无法为其办理缴纳社保的手续。

2016年9月5日，申请人不知何故突然不辞而别，并将公司内保管的资料带走，尤其是和申请人有关的材料，比如签订的劳动合同等。我公司通知申请人到公司办理交接手续，并一直同意向其支付工资20000元。但申请人至今没有到公司办理交接、领取工资事宜。

二、代理意见

（一）申请人请求支付未签订劳动合同的二倍工资没有事实和法律依据

被申请人贵州某投资管理有限公司与申请人2016年7月28日签订了劳动合同。申请人利用职务便利将与其有关的劳动合同等材料拿走。同时，申请人作为人事总监，其职责就是负责员工招聘、劳动合同的签订、社会保险的缴纳等人力资源事务。退一万步讲，即使用人单位未主动签订劳动合同、办理社保转移，申请人作为人事总监，明知而不督促用人单位履行义务，这本身就是人事总监自身的失职行为，主观上存在较大过错，应当承担不利后果。所以，申请人要求支付未签订劳动合同的二倍工资没有事实和法律依据。

（二）被申请人同意双方劳动关系于2016年9月5日解除

申请人2016年9月5日不辞而别后提出离职，被申请人现在同意申请人于2016年9月5日离职申请。因此，双方的劳动关系已于2016年9月5日解除。

（三）申请人20000元的工资，被申请人同意在申请人办理交接完毕后支付

申请人的工资为每月20000元，从申请人提供的支付工资情况也明确看出，申请人的工资为20000元，而非申请人所称的25000元。对于申请人8月份的20000元工资，被申请人一直都同意支付，只是申请人不办理交接手续、自己也不来领取工资。

（四）本案社保问题不属于劳动争议仲裁范围，未缴纳社保的责任在于被申请人

本案没有缴纳社保是由于申请人的原因，申请人的社保一直处于正常缴纳状态，只有申请人将原来的社保停缴后，被申请人才能为申请人缴纳，申请不停缴原来的社保，被申请人无法为其办理缴纳，且不存在补缴问题。

（五）申请人要求支付经济补偿金没有依据，本案不属于应当支付经济补偿金的情形

本案，申请人主动离职，且没有提前三十日提出，属于劳动者提出离职，不属于我国《劳动合同法》第三十八条规定的，劳动者提出解除劳动合同，并应当支付补偿金的情形。申请人要求支付经济补偿金的请求没有事实和法律依据。

三、裁决结果

一是，被申请人贵州某投资管理有限公司支付申请人代某

2016年8月工资贰万元整；

二是，确认被申请人贵州某投资管理有限公司为申请人代某缴纳2016年7月至8月的社会保险；

三是，驳回申请人代某关于未签订劳动合同二倍工资、经济补偿金的仲裁请求。

四、裁判文书

（一）关于劳动关系主体

劳动人事争议仲裁委员会认为：申请人认为三被申请人都是属于某集团的下属公司，但未就三被申请人之间的关系提交证据予以证明。被申请人称申请人是通过执行董事陈某招聘进入被申请人贵州某投资管理有限公司，该公司法定代表人为陈某，被申请人贵州某投资管理有限公司通过建设银行支付了申请人2016年6月28日至7月31日部分工资。根据劳社部发〔2005〕12号《关于确立劳动关系有关事项的通知》第一条规定："用人单位招用劳动者未订立书面劳动合同，但同时具备下列情形的，劳动关系成立：（一）用人单位和劳动者符合法律、法规规定的主体资格；（二）用人单位依法制定的各项劳动规章制度适用于劳动者，劳动者受用人单位的劳动管理，从事用人单位安排的有报酬的劳动；（三）劳动者提供的劳动是用人单位业务的组成部分。"本会认为申请人与被申请人贵州某投资管理有限公司存在劳动关系，并予以确认。

（二）关于申请人请求裁决被申请人支付未签订劳动合同二倍工资25000元

庭审时，申请人陈述“我是2016年6月28日进入被申请人处工作，做人事总监岗位”，“具体工作有人事招聘、制度的制定和流程的梳理，合同的签订、社保不是我经办，我只是分管，有人申请我就要负责审批”，“三被申请人的人事行政工作我都要负责”。申请人作为被申请人处人事总监，处理人事工作均须向被申请人负责，同时申请人的工作内容也包括招聘工作，其工作职责范围应该包括代表单位依照法律法规处理与劳动者之间劳动合同履行方面的相关事宜，避免单位因违反法律法规被追究法律责任，也应当知晓订立书面劳动合同的相关规定及不订立书面劳动合同的法律后果。因此，申请人有职责且应主动与被申请人履行签订劳动合同，申请人对未签劳动合同事宜负有相应的责任。综上，本会对申请人未签订劳动合同二倍工资的仲裁请求不予以支持。

（三）关于申请人请求裁决被申请人支付2016年8月工资25000元

申请人称试用期工资20000元每月，转正后，从2016年8月1日起为25000元每月，并提交员工转正申请表和薪资发放确认单复印件予以证明。质证时被申请人对申请表和确认单复印件真实性不予认可，并称申请人工资一直是20000元，同意支付8月工资20000元。因申请人提交的两份证据均为复印件，且无被申请人的印章，同时被申请人对该二份证据复印件亦不予认可，故本会不予采信。由于被申请人认可申请人工资为20000元，而申请人又不能证明其转正后工资为25000元，所以本会对申请人工资20000元予以采信。因被申请人未及时支付工资，根据《劳动法》第五十条规定："工资应当以货币形式按月支付给劳动者本人。不得克扣或者无故拖欠劳动者的工资。"故被申请人应当将申请人2016年8月工资20000元支付申请人。

（四）关于申请人请求裁决被申请人为其缴纳2016年7月至8月的社会保险

被申请人称没有为申请人缴纳社会保险，原因是申请人主动要求不缴社保的，且申请人也负责这块工作，但被申请人未提交任何证据予以证明，而根据《社会保险法》第五十八第一款规定："用人单位应当自用工之日起三十日内为其职工向社会保险经办机构申请办理社会保险登记……"和《劳动法》第七十二条规定："用人单位和劳动者必须依法参加社会保险，缴纳社会保险费。"为员工办理社会保险登记和缴费是用工单位的法定义务，故本会对申请人的主张予以支持，被申请人应为申请人缴纳2016年7月至8月的社会保险。

（五）关于申请人请求裁决被申请人支付经济补偿金12500元

申请人称2016年9月5日，由于无法忍受执行董事陈某的无礼言辞而被迫离职，并于同日将工作移交清楚后离开。但申请人未就被迫的事实存在进行举证，根据我国《劳动争议调解仲裁法》第六条的规定："发生劳动争议，当事人对自己提出的主张，有责任提供证据。"故本会不予采信。根据《劳动合同法》第四十六条的规定："有下列情形之一的，用人单位应当向劳动者支付经济补偿：（一）劳动者依照本法第三十八条规定解除劳动合同的；（二）用人单位依照本法第三十六条规定向劳动者提出解除劳动合同并与劳动者协商一致解除劳动合同的；（三）用人单位依照本法第四十条规定解除劳动合同的；（四）用人单位依照本法第四十一条第一款规定解除劳动合同的；（五）除用人单位维持或者提高劳动合同约定条件续订劳动合同，劳动者不同意续订的情形外，依照本法第四十四条第一项规定终止固定期限劳动合同的；（六）依照本法第四十四条第四项、第五项规定终止劳动合同的；（七）法律、行政法规规定的其他情形。"申请人的离职并不符合上述条文支付经济补偿的情形，故本会对申请人经济补偿的仲裁请求不予支持。

五、案例评析

（一）从事人力资源工作的负责人未签订书面劳动合同、缴纳社保的法律后果

我国《劳动合同法》第十条规定："已经建立劳动关系，未同时订立书面劳动合同的，应当自用工之日起一个月内订立书面劳动合同。"第八十二条规定："用人单位自用工之日起超过一

个月不满一年未与劳动者订立书面劳动合同的，应当向劳动者每月支付二倍的工资。”据此，如果用人单位自用工之日起超过一个月未与劳动者订立劳动合同，应当自用工之日起满一个月的次日至满一年的前一日向劳动者支付两倍的工资，并视为在用工之日起满一年的当日已经与劳动者订立无固定期限劳动合同，并订书面劳动合同。

本案被申请人贵州某投资管理有限公司虽称与申请人签订了书面的劳动合同，但并不能提供相应的签订书面劳动合同的证据。按照上述《劳动合同法》的规定，被申请人自用工之日起满一个月的次日应当向申请人支付二倍的工资。但是，本案申请人作为人事总监，为公司的高级管理人员，虽属于法律上的劳动者，但高管人员作为一类特殊群体，对法律法规的熟悉程度远高于普通劳动者。尤其是申请人作为人事总监，其职责就是负责员工招聘、劳动合同的签订、社会保险的缴纳等人力资源事务。即使用人单位未主动签订劳动合同、办理社保转移，申请人作为人事总监，明知而不督促用人单位履行义务，这本身就是人事总监自身的失职行为，主观上存在较大过错，应当承担不利后果，而非归责于用人单位。所以，本案申请人二倍工资的请求被驳回。

关于社会保险的缴纳，我国《劳动法》第七十二条规定了，用人单位和劳动者必须依法参加社会保险，缴纳社会保险费。所以，用人单位为劳动者办理社会保险登记和缴费是法定的义务。即使劳动者同意单位不为其缴纳社会保险，仍然不能免除用人单位缴纳社会保险的义务。所以，本案支持了申请人要求被申请人为其缴纳社会保险的请求。

（二）解除劳动合同支付经济补偿金的情形

本案申请人称由于执行董事的言辞而被迫离职，并要求支付经济补偿金，该请求没有被支持。我国《劳动合同法》第四十六条规定的劳动关系中解除劳动合同支付经济补偿金的情况有“劳动者依照本法第三十八条规定解除劳动合同的”“除用人单位维持或者提高劳动合同约定条件续订劳动合同，劳动者不同意续订的情形外，依照本法第四十四条第一项规定终止固定期限劳动合同的，第四十四条第四项、第五项规定终止劳动合同的”。结合本案，被申请人只有符合《劳动合同法》第三十八条规定解除劳动合同的情况才支付经济补偿金，第三十八条规定中规定符合条件的只有“未依法为劳动者缴纳社会保险的”。本案中被申请人的确未为申请人缴纳社会保险，申请人的保险一直处于正常缴纳状态。同时，由于申请人作为人事总监，为员工缴纳社会保险属于其职责范围，其有义务主动办理社会保险的缴纳工作，避免单位因违反法律法规被追究法律责任。所以，申请人对此负有责任，不能作为被申请人违法而要求经济补偿的情形。所以，申请人的离职不符合上述法律规定应当支付经济补偿金的情形。

六、结语和建议

在劳动关系中，用人单位属于管理方，在劳动关系中占有一定的优势。所以，法律法规规定了用人单位举证责任倒置。用人单位在用工管理中应当规范档案资料的管理，保留明确的证据。对于不签订书面劳动合同的劳动者、不同意缴纳社会保险的劳动者，应当及时发出书面催促通知，保留证据。同时，对劳动者的岗位职责应当清晰明确。本案被申请人贵州某投资管理有限公司没能提供任何签订书面劳动合同的证据，如果申请人不认可其岗位职责为人事总监，不认可其负责人力资源、行政管理工作，被申请人将会特别被动，并可能承担举证责任不能的不利后果。

建议用人单位加强、完善、规范劳动关系的管理，尤其是高级管理人员的知识水平、维权意识都比较高，劳动关系的管理不规范将给单位带来不必要的纠纷和诉讼。

注：本文选自入选中国法律服务网《司法行政（法律服务）案例库》，作者：方富贵。

第十节　如何认定单位解除劳动关系的合法性？
——夏某与某集团有限公司经济补偿案

案件类型：经济补偿

当事人概况

上诉人【原审被告】：夏某

被上诉人【原审原告】：某集团有限公司

一、基本案情

某集团有限公司是一家生产、开发、销售各类机制纸、纸板、加工纸、包装用纸的法人独资的国有公司。

1985年7月，夏某参加工作，先后在中石化某工厂、某计算机技术研究所工作。2001年1月，经组织调动，夏某进入某集团系统内连续工作至今，历任董事；某有限公司总经理、董事长；某股份有限公司董事长；某集团有限公司经营管理部部长、资产管理部副部长。

2010年6月1日，夏某与某集团有限公司之间签订了《某集团有限公司劳动合同书》，该合同为无固定期限劳动合同。

2015年12月3日，夏某因患突发冠心病、急性前壁非ST段抬高性心肌梗死、高血压3级（极高危）等严重疾病入住医院。2016年3月2日，夏某再度入住医院。

2016年5月18日，夏某向海淀区劳动争议仲裁委员会递交《仲裁申请书》申请仲裁（以下简称为仲裁一）。该仲裁一于2017年4月21日由海淀区劳动争议仲裁委员会作出裁决（注：仲裁一略，本文案例以仲裁二为基础，进行案例编写）。

2016年6月17日，在仲裁一期间，某集团有限公司作出了《解除劳动合同通知书》。

2017年5月8日，夏某就某集团有限公司作出的《解除劳动合同通知书》向海淀区劳动争议仲裁委员会递交《仲裁申请书》申请仲裁（以下简称为仲裁二），请求裁决：1. 某集团有限公司向夏某支付2016年5月至2016年7月5日期间的工资人民币31855元。2. 请求裁决某集团有限公司向夏某支付违法解除劳动合同的经济补偿金人民币1291894元。

二、审理结果

（一）仲裁结果

2018年5月9日，海淀区劳动人事争议仲裁委员会就仲裁二，作出裁决：1. 某集团有限公司于本裁决书生效之日起十日内，支付夏某2016年5月1日至2016年7月5日期间工资差额合计970.92元；2. 某集团有限公司于本裁决书生效之日起十日内，支付违法解除劳动合同赔偿金1109122.34元；3. 驳回其他仲裁请求。

（二）一审结果

2018年5月21日，某集团公司就仲裁二的裁决不服，向海淀区人民法院提起诉讼。诉讼请求：1. 请求人民法院判令某集团有限公司不向夏某支付2016年5月1月至2016年7月5日期间工资差额合计970.92元；2. 请求人民法院判令某集团有限公司不向夏某支付违法解除劳动合同赔偿金1109122.34元。

2018年12月7日，夏某收到落款日期为2018年11月27日的一审法院判决书，判决如下：1. 某集团有限公司无须支付夏某违法解除劳动合同赔偿金1109122.34元；2. 某集团公司于本判决生效之日起七日内，支付夏某2016年5月1月至2016年7月5日期间工资差额合计970.92元。

（三）二审结果

2018年12月10日，夏某对一审判决不服，向北京市第一中级人民法院提起上诉。

2019年4月1日，双方在人民法院主持下达成调解。

三、评析意见

（一）本案属于违法解除劳动合同

1. 某集团有限公司在双方之间进行劳动仲裁期间解除劳动合同，是违法行为。

夏某在2016年7月5日仲裁一的庭审中第一次看到某集团有

限公司提交的《解除劳动合同通知书》，某集团有限公司在明知双方之间进行劳动争议仲裁期间提出解除劳动合同，主观上具有恶意，不符合我国《劳动合同法》第三十九条规定的用人单位解除劳动合同的条件。

2. 某集团有限公司在夏某向其递交劳动能力鉴定申请并经其同意申请鉴定期间解除劳动合同，是违法的

2016年4月15日，夏某向某集团有限公司提出《关于因病进行劳动能力鉴定的申请》以及某集团有限公司负责人许某签字、某集团有限公司盖章“材料属实，同意鉴定”的《北京市非因工伤残或因病劳动能力鉴定申请表》的情形之下，对于夏某的身体健康状况以及正在进行的因病劳动能力鉴定是明知的情况下炮制出解除劳动合同的通知，主观上的恶意是显而易见的，根本不符合我国《劳动合同法》第三十九条规定的用人单位解除劳动合同的条件。

3. 某集团有限公司将其制作的《员工手册》作为解除劳动合同的规章制度，但该《员工手册》的制定存在违法和严重错误，且未告知夏某

（1）该《员工手册》未履行我国《劳动合同法》第四条第二款之规定：“用人单位在制定、修改或者决定有关劳动报酬、工作时间、休息休假、劳动安全卫生、保险福利、职工培训、劳动纪律以及劳动定额管理等直接涉及劳动者切身利益的规章制度或者重大事项时，应当经职工代表大会或者全体职工讨论，提

出方案和意见，与工会或者职工代表平等协商确定。”因此，该《员工手册》未履行法定的程序，不具有法律效力。

（2）根据我国《劳动合同法》第四条第四款之规定：“用人单位应当将直接涉及劳动者切身利益的规章制度和重大事项决定公示，或者告知劳动者。”因此，某集团有限公司没有提供证据，用以证明其向劳动者进行了告知，让劳动者知晓其规章制度。

（3）该《员工手册》第一条：“本手册的宗旨在于为中国某投资有限公司员工提供有关公司及人力资源管理方面的政策程序……”显然，该《员工手册》开篇介绍了适用的对象是中国某投资有限公司员工，而非某集团有限公司的员工。因此，包括夏某等不属于该《员工手册》之适用对象。

（4）该《员工手册》第四条：“本手册自发布之日起正式执行，与此前发布的有关准则、规定不一致的，按照本手册执行，如遇国家有关政策调整与本手册不一致，以国家法律政策为准。”显然，与某集团有限公司所列的证明内容“作为《员工手册》第二次征求意见稿，如无邮件反馈，视为对该《员工手册》无异议。”是极严重矛盾的。既然是第二次征求，那么第一次征求采取的是什么方式？可不可以向法庭出示？既然是第二次征求，那么又是何时发布的？某集团有限公司不会把征求等同于发布吧？

（5）该《员工手册》第一百零三条：“本手册自2016年 月

日起施行，旧版《员工手册》同时废止。”该《员工手册》没有实施的起止日期，说明其并未按照第四条规定进行发布，进一步印证了该《员工手册》不具有法律效力，不能且无法适用于劳动者。

4. 某集团有限公司从未要求夏某返岗工作，亦未履行有关的警告等程序，却依据未对员工产生法律效力的《员工手册》以及夏某从未见过的《员工手册》，某集团有限公司作出解除劳动合同行为的依据是违法和严重错误的，显然，某集团有限公司作出的单方解除劳动合同，属于违法解除。

综上所述，某集团有限公司违法解除劳动合同，不符合我国《劳动合同法》第三十九条规定的解除劳动合同权利之情形。

（二）违法解除劳动合同的后果（赔偿金数额如何计算）

1. 月平均工资计算的依据

（1）劳动合同解除前12个月的平均工资的起算时间段。根据双方提供的证据以及质证的意见，2016年7月5日，夏某因仲裁开庭才得知某集团有限公司违法解除劳动合同，因此，计算在劳动合同解除前12个月的平均工资的起算时间段为：2015年7月至2016年6月。

（2）劳动合同解除前12个月的工资数额以及平均工资。根据双方的证据以及生效的判决裁决所依据的劳动合同解除前12个月（2015年7月至2016年6月）的工资数额，如下表（略）。另外，夏某2015年年度奖金为人民币59600元。故违法解除劳动合同前12个月平均工资为：（14900×6+14060×2+9711.06+6107.68+1791+189.79+59600）÷12=14767.5。

2. 分段计算赔偿金的依据

根据以上分析本案的解除属于违法解除，根据我国《劳动合同法》第四十八条规定："用人单位违反本法规定解除或者终止劳动合同，劳动者要求继续履行劳动合同的，用人单位应当继续履行；劳动者不要求继续履行劳动合同或者劳动合同已经不能继续履行的，用人单位应当依照本法第八十七条规定支付赔偿金。"

根据我国《劳动合同法》第八十七条规定："赔偿金的计算标准为经济补偿金标准的二倍。"同时，我国《劳动合同法实施条例》第二十五条规定："用人单位违反劳动合同法的规定解除或者终止劳动合同，依照劳动合同法第八十七条的规定支付了赔偿金的，不再支付经济补偿。赔偿金的计算年限自用工之日起计算。"因此，本案的赔偿金计算年限应当自用工之日即1985年7月1日起计算。

又根据我国《劳动合同法》第九十七条第三款规定："2008年1月1日《劳动合同法》施行之日存续的劳动合同在施行之后解除的，应当支付经济补偿金的应当分段计算。"本案中，夏某从1985年7月1日参加工作至2008年1月1日期间的经济补偿应当按照当时的法律规定计算，其中《违反和解除劳动合同的经济补偿办法》第八条规定："劳动合同订立是所依据的客观情况发生重大变化，致使原劳动合同无法履行，经当事人协商不能就变更劳动合同达成协议，用人单位解除劳动合同的，用人单位按劳动者在本单位工作的年限，工作时间每满一年发给相当于一个月的经济补偿金。”本案中，夏某自1985年7月1日至2008年1月1日共工作了23年半，按照《违反和解除劳动合同的经济补偿办法》第八条之规定，应当补偿夏某23个月的工资。2008年1月1日至2016年7月5日共计8年7个月，应补偿9个月的工资。因此，经济补偿金总额为夏某32个月的月平均工资。故本案中，赔偿金的计算标准为经济补偿金标准的二倍。

四、研讨问题

1. 夏某的行为是否属于无故旷工？

2. 是否构成我国《劳动合同法》第三十九条第（二）项“严重违反用人单位的规章制度”？

第十一节　未参加年度考核是否能作为解除聘用合同的依据？

——李某与北京某高校人事争议案

案件类型：人事争议

当事人概况

原告：李某

被告：北京某高校

一、基本案情

1999年7月1日，原告李某进入北京某高校（被告），原被告之间于2000年4月签订了《初次聘用人员合同书》，约定了工作岗位以及工作纪律、合同的终止等内容。

2004年，原告被派往国外，其中，2004年至2015年1月31日期间，被告为其发放工资、缴纳社会保险，某国外公司也给一定的补助。原告2013年度、2014年度连续两年未参加学校的年度工作考核，被告根据2014年实施的《事业单位人事管理条例》“连续两年考核不合格”等规定，于2015年1月解除了与李某的聘用关系，并停发2015年1月以后的工资以及停止缴纳社会保险。

2018年2月，原告向北京市朝阳区人事劳动争议仲裁委员会提起仲裁，要求支付2015年1月至2018年1月31日的工资，每月按照人民币10000元计算，共计380000元。

2019年8月，原告的上述仲裁请求被依法驳回。

2018年9月，原告不服仲裁裁决向北京市朝阳区人民法院提起诉讼，要求继续履行劳动关系，安排原告返回学校工作；补发2015年1月至2018年1月31日的工资，每月按照人民币10000元计算，共计380000元，并补缴劳动关系存在期间的社会保险、住房公积金等费用。

二、代理意见

（一）原被告之间应属于人事争议纠纷，原告的请求不属于法院受理范围，法院依法应当驳回原告的起诉

本案被告属于事业单位，根据《最高人民法院关于人民法院审理事业单位人事争议案件若干问题的规定》第三条之规定："事业单位与其工作人员之间因辞职、辞退及履行聘用合同所发生的争议，属于人事争议。"同时，根据《最高人民法院关于事业单位人事争议案件适用法律等问题的答复》规定：人民法院审理事业单位人事争议案件的案由为"人事争议"，因此，原被告之间的纠纷应当属于人事争议纠纷。

关于本案原告要求补发工资的请求，不属于因辞职、辞退及履行聘用合同所发生的争议，故不属于法院受理范围，法院应当

依法驳回原告的起诉。

关于本案原告提出的继续履行聘用合同的请求在仲裁阶段未提起，属于起诉时新增加的请求，且该请求属于独立的人事争议。依照《最高人民法院关于审理劳动争议案件适用法律若干问题的解释（一）》第六条规定，法院依法应当予以驳回原告的起诉。

关于本案原告提出的补缴社会保险以及住房公积金问题，属于起诉时新增加的请求，而且不属于人事争议纠纷的受案范围，依照《最高人民法院关于审理劳动争议案件适用法律若干问题的解释（一）》第六条规定，法院依法应当予以驳回原告的起诉。

（二）本案原告的请求已经超过法律规定的时效

根据《最高人民法院关于人事争议申请仲裁的时效期间如何计算的批复》（法释〔2013〕23号）之规定：依据《中华人民共和国劳动争议调解仲裁法》第二十七条第一款、第五十二条的规定，当事人自知道或者应当知道其权利被侵害之日起一年内申请仲裁。

本案中，被告于2015年度开始停发原告工资，从原告的工资流水记载中可以看出，原告2014年下半年7次取款，说明原告一直在频繁地支取工资，正常使用该存折，对于自己工资的发放情况非常清楚，原告对于被告停发工资一事应当早已知道，但从未提出异议。因此，2018年2月原告提起仲裁时，已经超过了我国上述法律规定的时效，依法应予驳回原告的诉讼请求。

（三）原被告之间的人事关系已于2015年终止

根据《事业单位人事管理条例》第十六条规定："事业单位

工作人员连续两年年度考核不合格的，可以解除聘用合同。”同时，根据上述规定，聘用合同终止，人事关系也同时终止。因此，原被告之间的人事关系已于2015年终止。

又依照《北京市高级人民法院、北京市劳动争议仲裁委员会关于劳动争议案件法律适用问题研讨会会议纪要》（2009年8月17日）第十四条规定，劳动者长期未向用人单位提供劳动，用人单位也长期不再向劳动者支付劳动报酬等相关待遇，双方长期两不找的，可以认定此期间双方不享有和承担劳动法上的权利义务。

三、调解结果

一是，被告一次性支付原告人民币150000元；

二是，被告补缴原告至2019年4月30日的社会保险；

三是，双方别无其他人事争议。

四、裁判文书

经过两次庭审，原被告在法院主持下达成调解。

五、案例评析

（一）如何认定人事争议纠纷

根据《最高人民法院关于人民法院审理事业单位人事争议案件若干问题的规定》（法释〔2003〕13号）第三条之规定，本规定所称人事争议是指事业单位与其工作人员之间因辞职、辞退及履行聘用合同所发生的争议。而本案中，原告与被告之间签订有《初次聘用人员合同书》，双方属于聘用关系，应适用《北京市事业单位聘用合同制试行办法》等特别规定。同时，根据《最高人民法院关于事业单位人事争议案件适用法律等问题的答复》之规定：人民法院审理事业单位人事争议案件的案由为“人事争议”。因此，原被告之间的纠纷应当属于人事争议纠纷。

（二）人事争议纠纷仲裁时效如何起算

根据《最高人民法院关于人事争议申请仲裁的时效期间如何计算的批复》（法释〔2013〕23号）之规定：依据《中华人民共和国劳动争议调解仲裁法》第二十七条第一款、第五十二条的规定，当事人自知道或者应当知道其权利被侵害之日起一年内申请仲裁。当然，这里的关键点就是如何判断知道或应当知道，因此，要有充分的相应证据予以证明。

（三）解除聘用合同依据要充分证据要确凿

本案中，被告解除原告的聘用合同时，依据的是原告未参加2013年度、2014年度的考核，没有参加是否意味着考核不合格？这里需要有学校的相关规章制度予以明确界定，而且2014年7月1日实施的《事业单位人事管理条例》是不能适用2013年度的考核。作为被告代理人在意识到解除聘用合同不充分，证据不确凿的情况下，同意达成调解，避免依据我国《劳动合同法》第四十八条之规定，法院判决继续履行聘用合同，向原告支付违法解除至判决生效期间的工资，产生对委托人不利的后果，同时也避免案结事未了，造成司法资源以及人力资源的严重浪费，双方之间产生新旧矛盾交织并恶化的风险。当然，原告连续两年不参加学校的考核亦存在过错。因此，积极做好调解工作，不仅仅是积极维护委托人的合法利益，而且要站在一个社会全局的高度，减少社会矛盾纠纷，化解争议纠纷，真正做到案结事了，定止纷争。

六、结语和建议

目前，我国人事争议受理的范围很窄，且规则少，司法实践中对人事争议纠纷的总结性的规则也很少，受案范围不统一。2017年11月8日，人力资源社会保障部、最高人民法院共同出台了《关于加强劳动人事争议仲裁与诉讼衔接工作机制建设的意见》，要求逐步统一人事争议等争议的受案范围。随着我国社会改革的深入进行、人才流动性提高以及人事争议案件的当事人文化层次提高、维权意识增强，我国人事争议纠纷的案件会逐步增多，社会效应也会逐步显现出来。因此，事业单位要给予充分的重视，不但要健全自己的规章制度，而且要严格履行聘用期间的考核，并做好证据保留工作。事业单位解除聘用合同的工作人员一般年龄偏大，且多数要求继续履行人事关系或恢复人事关系。要降低或避免解除聘用合同所带来的风险，事业单位不但要有充分、完善的单位规章制度作为依据，而且要保留、固定解除聘用合同的证据。

第十二节　用人单位能否依据股权激励合同回购员工持有的股份？
——某公司、黄某、汤某与曾某股权激励案

案件类型：股权激励

当事人概况

上诉人【原审原告】：某公司、黄某、汤某

上诉人【原审被告】：曾某

一、基本案情

2005年10月，广州某公司（某公司前身）与曾某建立劳动合同关系，在某公司成立后又与曾某签订了劳动合同，后曾某于2017年9月离职，离职前任某公司副总经理。

2006年3月，包括黄某、汤某以及曾某在内的8人签订了《出资协议书》，约定共同投资设立某公司，注册资本3000万元。曾某出资50万元，占股比例为1.67%，但实缴出资额10.02万元。

2008年7月，黄某将原认缴出资额中的部分即56.5万元转让给曾某，转让后曾某认缴出资额变更为106.5万元。曾某又实缴

出资额18.9882万元、实物出资为37.5118万元，本次合计实缴出资56.5万元。

2008年8月，某公司修改公司章程，新增实缴资本至3000万元，其中曾某实缴出资额39.98万元。

2011年11月，汤某将所持某公司24.6万股（占注册资本比例0.82%）转让给曾某，曾某持股共计131.1万股，持股所占比例为4.37%。曾某此次并未支付股权转让价款。

2011年12月，某公司股东大会决议增资和修改公司章程，公司增加注册资本1000万元（注：合计注册资本4000万元）。其中，曾某认购43.7万股，增资后曾某持股为174.8万股，持股比例仍为原来的4.37%。该部分增资款来源于汤某及案外人唐某向曾某的转账汇款。

2016年1月，曾某转让其持有的某公司股份4.98万股给案外第三人，持股比例降至4.25%。

2016年5月，某公司的股份在全国中小企业股份转让系统（以下简称“新三板”）挂牌并公开转让，纳入非上市公众公司监管，转让方式为协议转让。根据新三板监管要求：公司在准备挂牌之前，股东对外声明的文件中未记载有股份存在纠纷或潜在纠纷、存在转让限制或者回购等情形。

2017年9月，曾某离职时，曾某所持股份数又向案外第三人转让3.4万股，持股为166.42万股。

根据某公司《股权激励管理细则》（以下简称《管理细则》）

第四条规定："股份购回。该类股份的股东因任何原因离职，公司对其股份在2年内限制转让和抵押等性质的处理。在2年后，公司按照上一年度的每股净资产的50%购回，公司出现上市或被整体收购的情况除外。"

又根据某公司《股权激励管理规定（2009年，第二版）》（以下简称《管理规定》）第四条规定："股份购回：1. 股东因任何原因离职，其所受让的激励股份及其产生的收益，公司按照每股净资产金额的50%购回，并将该笔金额在其离职之日起1个月至2年内全部支付......3. 公司出现上市或被整体收购的情况除外。"签署页最上行手写有"《管理规定》"字样。

同时，《授权委托书》中约定："本人经广州某公司股东大会通过，受让激励股份，成为公司股东，自愿遵守《管理规定》。"曾某等69人签名确认。

另：

2006年9月，黄某向曾某银行账户转账10.02万元，同日，曾某向某公司名下银行账户（与验资报告载明银行账户一致）转账支付10.02万元。

2008年7月、8月，黄某又向曾某转账支付18.9882万元和39.98万元，曾某均于收款同日转账支付至某公司名下银行账户（与验资报告载明银行账户一致），转账支付18.9882万元和39.98万元。

2008年7月，实物出资是由黄某出资采购的机器设备而作为曾某的出资。

2011年12月，汤某和案外人唐某分别向曾某转账支付8万元和35.7万元（共计43.7万元），曾某同样于收款同日向某公司名下银行账户（与验资报告载明银行账户一致）转账支付43.7万元。同时，案外人唐某向法院出具情况说明，载明2011年12月，其向曾某的汇款35.7万元系在黄某指示下代黄某支付。

某公司表示在其作为案涉股份回购权利主体的情况下，同意指定股东黄某和汤某作为案涉股份的接收方。

二、审理结果

一审法院审理结果：

一审法院认为，曾某本人不仅确认签署页上其本人签名的真实性，还确认《管理规定》曾在股东会议上出示过。故一审法院对《管理规定》及其签署页的真实性予以确认。曾某已签名确认《管理细则》《管理规定》，应为其真实意思表示。《管理细则》《管理规定》没有违反法律禁止性效力规定，应为合法有效，对各方均具有法律约束力。

根据已查明的事实，本案诉争股份共计169.82万股（174.8万股扣减转让的4.98万股）的构成为：

1. 2006年3月，某公司发起设立时曾某认缴的50万股股份（分两次实缴货币：2006年9月10.02万元、2008年8月39.98万元）；

2. 2008年7月，曾某获黄某转让的出资额56.5万股（实缴货币18.9882万元和实物价值37.5118万元）；

3. 2011年11月，曾某获汤某转让的24.6万股（曾某未支付股权转让款）；

4. 2011年12月，某公司增资时曾某获得的43.7万股（出资款来源于汤某和案外人唐某）。

一审法院认为，上述股份出资均非曾某本人实际出资，曾某未因获取诉争股份实际支付对价，某公司、黄某、汤某也提供了证据佐证曾某的诉争股份系基于《管理规定》受激励获得，故上述股份应认定为某公司、黄某、汤某基于《管理规定》内容而向曾某发放的激励股份。

因曾某已从某公司离职，根据《管理规定》第四条之约定，某公司有权对其名下所受让的激励股份进行购回。为维护公司"资本三原则"，防止股东抽逃出资，损害公司、股东和债权人合法权益，一般情况下公司不得收购本公司股份，但并非绝对禁止，如对回收股权进行再分配或指定股权接收人等制度安排的情况下，公司可以依法或按照约定对股东股权进行回购，某公司、黄某、汤某可以指定股东黄某和汤某接收案涉回购的股权。根据已查明的事实，曾某受激励获得的股份应为169.82万股，但是在曾某离职之时，其获得的激励股份因转让仅有166.42万股，某公司、黄某、汤某应在上述股份范围内主张相关权利。因此，某公司、黄某、汤某有权主张由汤某接收曾某持有的某公司24.6

万股股份、黄某接收剩余曾某持有的某公司141.82万股股份，不损害公司及公司债权人的利益，不违反法律规定。

曾某认为即使存在《管理规定》，也已于某公司挂牌交易之前终止执行，主张《管理规定》已终止执行，但其主张《管理规定》终止执行没有充分证据予以证实，一审法院未予采信。此外，曾某认为某公司申请股票在“新三板”挂牌并公开转让即为“上市”，符合《管理规定》第三条第7点的规定，但是某公司企业类型明确为非上市的股份有限公司，根据《中华人民共和国公司法》第一百二十条规定：“本法所称上市公司，是指其股票在证券交易所上市交易的股份有限公司”，而“新三板”并不属于证券交易所，而属于代办股份转让系统，因此，曾某该项主张缺乏充分依据，一审法院未予采信，某公司的股份在“新三板”挂牌转让不属于《管理规定》中规定的终止回购的事由。此外，即使某公司在“新三板”挂牌时未对外披露股权激励内容，也不影响《管理规定》等公司内部约定的法律效力。

关于股份回购的价格，根据《管理规定》第四条之约定，公司按照每股净资产金额的50%购回。根据约定可知，股份回购系某公司、黄某、汤某的权利，以权利人行使权利时间为基点计算。一审法院认为股份回购系某公司的权利，宜以权利人行使权利时间为基点计算，即按某公司、黄某、汤某起诉前一年度即2016年度的每股净资产金额即2.71元的50%来计算。因此，现某公司、黄某、汤某主张以每股价格1.355元回购，一审法院予以支持。

关于曾某应否返还案涉股份2016年、2017年度的股份收益问题。《管理规定》未约定股份收益返还款项的起算时间，我国《公司法》规定股东按其所持股份享有相应取得分红等权利，故在股份回购之前股东取得的股份分红系基于股东身份对公司享有的权利，某公司、黄某、汤某要求返回该部分收益，不符合法律规定，亦违背公平原则。故对某公司、黄某、汤某该诉请不予支持。

据此，判决如下：

（一）曾某于判决发生法律效力之日起十日内将其持有的某公司24.6万股股份以每股1.355元的价格转让给汤某，并协助办理相关股权转让手续，上述股份转让价款由汤某在相关股权转让手续办理的同时支付给曾某；

（二）曾某于判决发生法律效力之日起十日内将其持有的某公司141.82万股股份以每股1.355元的价格转让给黄某，并协助办理相关股权转让手续。上述股份转让价款由黄某在相关股权转让手续办理的同时支付给曾某；

（三）驳回某公司、汤某、黄某的其他诉讼请求。

二审法院审理结果：

二审法院认为，曾某一审已经核对原件，确认《管理规定》签名页是其本人签名；其另在《授权委托书》上签名，《授权委托书》明确记载“本人受让激励股份，成为公司股东，自愿遵守

《管理规定》”等内容。且曾某在签署《授权委托书》时亦理应知晓其获得激励股权是依据《管理规定》。现曾某辩称《管理规定》签名页与正文存在变造拼接、不确认正文真实性，但不能提交其所持有的或其他《管理规定》版本等足以反驳的证据，二审法院对其抗辩不予采信。

一审已从出资资金来源、曾某历次取得股份所依据的文件、实物出资相关证据等方面，并结合曾某本人陈述等，对曾某所持股份性质予以详述，二审法院均予以确认。

曾某已于2017年9月离职，根据《管理规定》的约定，公司可以行使回购权，现公司指定原出让股权的股东黄某、汤某回购涉案股份，保持公司资本稳定，符合前述规定的约定，至于某公司内部是否履行内部审批程序不属本案审理范围。曾某辩称某公司于2016年5月在“新三板”挂牌，属于各方当事人所理解的“上市”，且上述《管理规定》已经终止执行。对此，二审法院认为：第一，某公司企业类型为非上市的股份有限公司，其性质为非上市公众公司，“新三板挂牌”显然并非我国《公司法》概念上的“上市”，一审法院对此论述正确，故二审法院无法直接确认《管理规定》因某公司“上市”而自然终止执行。第二，在“新三板挂牌”与“上市”概念有别的情况下，则应考察某公司在挂牌时是否因公司及股东将“新三板挂牌”理解为“上市”从而协议终止执行《管理规定》。本案中，并无证据足以证实各方已经就结束执行《管理规定》、公司不再对股份予以回购进行表决或达成协议，曾某辩称《管理规定》已经终止缺乏充分证据予以证明。第三，对于曾某二审中申请二审法院签发律师调查令并调查取证一节，因是否予以对外披露不足以直接证实《管理规定》是否已经协议终止，故该项调查取证二审法院不予接纳。综上，曾某离职后，某公司可以行使回购权利指定原出让股权的股东黄某、汤某回购涉案股份。

关于回购价格。《管理规定》并未明确约定计算每股净资产的时间基点，一审法院认定以权利人行使权利的时间为基点计算合理。某公司、黄某、汤某于2017年12月提起本案诉讼诉请回购，故一审法院认定按请求回购的前一年即2016年每股净资产金额的50%核算回购价格，二审法院予以维持。

关于可实际履行回购的股份数量。根据一审查明的事实，曾某实际持有某公司股份166.24万股，某公司起诉主张超出的部分在现有事实状态下无法实际由曾某予以转让，一审判决曾某转让其持有的股份166.24万股，并无不妥。

综上所述，二审法院作出了如下判决：

驳回上诉，维持原判。

三、评析意见

这是一起因劳动者离职后用人单位依据股权激励方案回购劳动者持有的股份所引发的股权激励纠纷案。

（一）股权激励的本质是什么

股权激励是企业为了激励和留住核心人才而推行的一种激励机制，是目前最常用的激励员工的一种方法，也是被激励员工以持股人的身份参与企业收益分配的一种方式。

股权激励的实质就是企业用股权的价值与参与企业经营管理的员工的人力资本的价值交易。

既然是交易就要以等价交换为基础，公平合理地进行交易，因此公司或股东给员工股权并非是赠予，公司或股东对于接受股权的员工也并非一无所求，获得股权的员工要承担一定的义务或责任。

在交易双方中，对股权的价值和人力资本的价值进行评定非常重要，挂牌上市公司可以以市场交易价为准，非挂牌上市企业可以使用净资产价值评估法、市场比较法、期权价值评估法等多种方法评定。而人力资本价值的评定通常难以量化，需要通过综合考量岗位层级、历史贡献、岗位性质、发展潜力以及拟授予对象的忠诚度等因素。

企业之所以在工资和奖金之外再向员工出让股权，是因为人力资本具有创新性和创造性，有更大的增值空间潜力。员工获得激励股权时，往往付出远低于市场价格的出资或股权转让款，拿到股权的同时就可以预期较大的收益，这不是炒股、不是单纯的财务投资，而是一种激励。企业希望用股权不仅能吸引更高人力资本价值的员工，留住人才，更希望员工能够像企业的所有者一样全身心地为企业提供人力，把工作当成自己的事业；希望他们更加兢兢业业、更加拼搏奋斗，拥有更强的责任心和使命感。

（二）曾某持有的股份是否是因某公司执行《管理规定》内容而获得

从出资资金来源来看，虽然验资报告确认曾某已经以货币或者实物方式缴纳了相应资本金，但曾某亦确认货币出资的资金来源均为黄某、汤某及某公司管理人员唐某成，而且均在收到款项当日就转入某公司银行账户。曾某对此的解释是相关款项系某公司对其的现金奖励，其收取现金后再作为个人资金出资，故属于个人出资。但曾某未就上述货币出资资金部分属于某公司现金奖励提供任何证据证实，且如果真如曾某所述出资资金是某公司对其的现金奖励，也不应该由股东黄某、汤某从自己个人账户转账，应由某公司转账。至于汤某向其转让的股份，曾某也确认没有支付相应对价，恰恰印证了某公司、黄某、汤某关于相关股份属于激励股份的主张。至于实物出资部分，相关发票能够印证实物出资部分原属于番禺某公司所有，番禺某公司也出具情况说明证明曾某的实物出资部分实际系由该公司移交给某公司作为曾某等人的出资。曾某没有提供证据证明相关实物属于其个人所有。

从曾某所持股份的性质来看。曾某主张其所持股份并非奖励所得，但是除《管理细则》《管理规定》可证明某公司对其员工确有股份激励的规定之外，根据某公司2006年度股份奖励决定、《截至2007年底股东股份数量和2007年度经营业绩股权奖励的情况说明》、2008年至2014年度经营结果和股东回报方案、《原持股数转换为持有注册股份情况表》等证据，可以显示曾某所持有的某公司169.82万股股份确系经过多次的股份奖励后转化所得，其性质确属于股份激励。曾某签署《授权委托书》的情况也与《管理细则》《管理规定》的内容相符，可以印证曾某持有因股权激励而获得的股份。至于验资报告认定的曾某实缴出资的情况，仅能反映某公司收取了曾某名下股份相应出资资本的事实，并不能据此否认相关股份属于激励所得的情形。因此，本案中曾某持有的股份是因某公司执行《管理规定》内容而获得。

（三）《管理规定》是否因某公司的股份在“新三板”挂牌交易而终止执行

依据《管理规定》第三条第7点规定：“当公司出现股份上市流通或整体被收购的情况时，无须遵从以上规定”，是否能够认为某公司在“新三板”挂牌交易后《管理规定》因此而终止执行？根据我国《公司法》第一百二十条规定：“本法所称上市公司，是指其股票在证券交易所上市交易的股份有限公司”，而“新三板”并不属于证券交易所，属于代办股份转让系统，且某公司企业类型明确为非上市的股份有限公司，故某公司的股份在“新三板”挂牌转让不属于《管理规定》中规定的终止回购的事由。

（四）拟上市企业股权激励重点关注事项

1. 注意把握股权激励的时间节点

对于计划IPO的企业，股权激励实施的时间是要提前进行整体规划的，需要做好员工股权激励与后续的战略投资者引进（A轮、B轮……）的时间计划，否则可能引发“突击入股”的问题。

2021年2月，证监会发布的《监管规则适用指引——关于申请首发上市企业股东信息披露》规定，发行人提交申请前12个月内新增股东的，应当在招股说明书中充分披露新增股东的基本情况、入股原因、入股价格及定价依据，新股东与发行人其他股东、董事、监事、高级管理人员是否存在关联关系，新股东与本次发行的中介机构及其负责人、高级管理人员、经办人员是否存在关联关系，新增股东是否存在股份代持情形。上述新增股东应当承诺所持新增股份自取得之日起36个月内不得转让。

虽然“突击入股”问题不是审核的硬伤，但能规避尽量规避，如南通跃通数控设备股份有限公司，突击入股的股东锁定期为12个月，对公司IPO审核造成了一定的影响，2021年4月23日其IPO被终止。

2. 股权激励模式的选择

对非上市企业而言，股权激励方案可以是限制性股权，也可以是股票期权等。《科创板股票发行上市审核问答》（上证发

〔2019〕29号）对发行人存在首发申报前制定的期权激励方案，并准备在上市后实施的，提出期权激励应符合的要求、信息披露的要求和中介机构核查的要求。2020年6月10日，证监会发布修订后的《首发业务若干问题解答（2020）》，其中新增关于期权激励方案内容，与科创板的要求一致。同月，创业板改革并试点注册制规则文件打包发布，其中《创业板股票首次公开发行上市审核问答》（深证上〔2020〕510号）亦规定了对期权激励的要求，与科创板规定基本一致。自此，在规则层面，A股主板、中小板、创业板、科创板的IPO企业均可以携带未执行完毕的期权激励方案申请首发上市。但上市前授予、上市后行权的模式，对于上市后行权的股份锁定期为36个月，而采用虚拟股模式，仍然有“存在不明晰的股权”之嫌，所以，要综合考虑企业和员工的实际情况，量身设计适合的股权激励模式，需要建立在全面的调研和准确的论证基础之上。

3. 股权激励的退出机制

一个好的股权激励方案，除了股权激励的具体实施和动态管理外，股权激励的退出是必不可少的部分。对于拟上市企业实施股权激励，在退出机制的设计上会比较复杂，与股权激励时间、激励模式、持股方式、以及上市成功与否、上市后限售规则等都有着密切关系。在股权激励设计上，应充分考虑，不仅要体现激励性和合规性，更要关注是否有通畅、明确的退出通道，避免对上市进程造成实质影响，也避免上市不成功导致激励对象可能出现的各种负面退出选择。

四、研讨问题

1. 股权激励纠纷属于合同纠纷还是劳动纠纷?

2. 某公司、黄某、汤某是否有权行使本案诉争的曾某持有股份的回购权?

附录

股权激励法律法规

CHAPTER 1

上市公司股权激励管理办法（2018修正）

（2016年5月4日中国证券监督管理委员会2016年第6次主席办公会议审议通过 根据2018年8月15日中国证券监督管理委员会《关于修改〈上市公司股权激励管理办法〉的决定》修正）

第一章　总则

第一条　为进一步促进上市公司建立健全激励与约束机制，依据《中华人民共和国公司法》（以下简称《公司法》）、《中华人民共和国证券法》（以下简称《证券法》）及其他法律、行政法规的规定，制定本办法。

第二条　本办法所称股权激励是指上市公司以本公司股票为标的，对其董事、高级管理人员及其他员工进行的长期性激励。

上市公司以限制性股票、股票期权实行股权激励的，适用本办法；以法律、行政法规允许的其他方式实行股权激励的，参照本办法有关规定执行。

第三条　上市公司实行股权激励，应当符合法律、行政法规、本办法和公司章程的规定，有利于上市公司的持续发展，不得损害上市公司利益。

上市公司的董事、监事和高级管理人员在实行股权激励中应当诚实守信，勤勉尽责，维护公司和全体股东的利益。

第四条 上市公司实行股权激励，应当严格按照本办法和其他相关规定的要求履行信息披露义务。

第五条 为上市公司股权激励计划出具意见的证券中介机构和人员，应当诚实守信、勤勉尽责，保证所出具的文件真实、准确、完整。

第六条 任何人不得利用股权激励进行内幕交易、操纵证券市场等违法活动。

第二章 一般规定

第七条 上市公司具有下列情形之一的，不得实行股权激励：

（一）最近一个会计年度财务会计报告被注册会计师出具否定意见或者无法表示意见的审计报告；

（二）最近一个会计年度财务报告内部控制被注册会计师出具否定意见或无法表示意见的审计报告；

（三）上市后最近36个月内出现过未按法律法规、公司章程、公开承诺进行利润分配的情形；

（四）法律法规规定不得实行股权激励的；

（五）中国证监会认定的其他情形。

第八条 激励对象可以包括上市公司的董事、高级管理人员、核心技术人员或者核心业务人员，以及公司认为应当激励的对公司经营业绩和未来发展有直接影响的其他员工，但不应当包括独立董事和监事。外籍员工任职上市公司董事、高级管理人员、核心技术人员或者核心业务人员的，可以成为激励对象。

单独或合计持有上市公司5%以上股份的股东或实际控制人及其配偶、父母、子女，不得成为激励对象。下列人员也不得成为激励对象：

（一）最近12个月内被证券交易所认定为不适当人选；

（二）最近12个月内被中国证监会及其派出机构认定为不适当人选；

（三）最近12个月内因重大违法违规行为被中国证监会及其派出机构行政处罚或者采取市场禁入措施；

（四）具有《公司法》规定的不得担任公司董事、高级管理人员情形的；

（五）法律法规规定不得参与上市公司股权激励的；

（六）中国证监会认定的其他情形。

第九条 上市公司依照本办法制定股权激励计划的，应当在股权激励计划中载明下列事项：

（一）股权激励的目的；

（二）激励对象的确定依据和范围；

（三）拟授出的权益数量，拟授出权益涉及的标的股票种类、来源、数量及占上市公司股本总额的百分比；分次授出的，每次拟授出的权益数量、涉及的标的股票数量及占股权激励计划涉及的标的股票总额的百分比、占上市公司股本总额的百分比；设置预留权益的，拟预留权益的数量、涉及标的股票数量及占股权激励计划的标的股票总额的百分比；

（四）激励对象为董事、高级管理人员的，其各自可获授的权益数量、占股权激励计划拟授出权益总量的百分比；其他激励对象（各自或者按适当分类）的姓名、职务、可获授的权益数量及占股权激励计划拟授出权益总量的百分比；

（五）股权激励计划的有效期，限制性股票的授予日、限售期和解除限售安排，股票期权的授权日、可行权日、行权有效期和行权安排；

（六）限制性股票的授予价格或者授予价格的确定方法，股票期权的行权价格或者行权价格的确定方法；

（七）激励对象获授权益、行使权益的条件；

（八）上市公司授出权益、激励对象行使权益的程序；

（九）调整权益数量、标的股票数量、授予价格或者行权价格的方法和程序；

（十）股权激励会计处理方法、限制性股票或股票期权公允价值的确定方法、涉及估值模型重要参数取值合理性、实施股权激励应当计提费用及对上市公司经营业绩的影响；

（十一）股权激励计划的变更、终止；

（十二）上市公司发生控制权变更、合并、分立以及激励对象发生职务变更、离职、死亡等事项时股权激励计划的执行；

（十三）上市公司与激励对象之间相关纠纷或争端解决机制；

（十四）上市公司与激励对象的其他权利义务。

第十条 上市公司应当设立激励对象获授权益、行使权益的条件。拟分次授出权益的，应当就每次激励对象获授权益分别设立条件；分期行权的，应当就每次激励对象行使权益分别设立条件。

激励对象为董事、高级管理人员的，上市公司应当设立绩效考核指标作为激励对象行使权益的条件。

第十一条 绩效考核指标应当包括公司业绩指标和激励对象个人绩效指标。相关指标应当客观公开、清晰透明，符合公司的实际情况，有利于促进公司竞争力的提升。

上市公司可以公司历史业绩或同行业可比公司相关指标作为公司业绩指标对照依据，公司选取的业绩指标可以包括净资产收益率、每股收益、每股分红等能够反映股东回报和公司价值创造的综合性指标，以及净利润增长率、主营业务收入增长率等能够反映公司盈利能力和市场价值的成长性指标。以同行业可比公司相关指标作为对照依据的，选取的对照公司不少于3家。激励对象个人绩效指标由上市公司自行确定。

上市公司应当在公告股权激励计划草案的同时披露所设定指标的科学性和合理性。

第十二条 拟实行股权激励的上市公司，可以下列方式作为标的股票来源：

（一）向激励对象发行股份；

（二）回购本公司股份；

（三）法律、行政法规允许的其他方式。

第十三条 股权激励计划的有效期从首次授予权益日起不得超过10年。

第十四条 上市公司可以同时实行多期股权激励计划。同时实行多期股权激励计划的，各期激励计划设立的公司业绩指标应当保持可比性，后期激励计划的公司业绩指标低于前期激励计划的，上市公司应当充分说明其原因与合理性。

上市公司全部在有效期内的股权激励计划所涉及的标的股票总数累计不得超过公司股本总额的10%。非经股东大会特别决议批准，任何一名激励对象通过全部在有效期内的股权激励计划获授的本公司股票，累计不得超过公司股本总额的1%。

本条第二款所称股本总额是指股东大会批准最近一次股权激励计划时公司已发行的股本总额。

第十五条 上市公司在推出股权激励计划时，可以设置预留权益，预留比例不得超过本次股权激励计划拟授予权益数量的20%。

上市公司应当在股权激励计划经股东大会审议通过后12个月内明确预留权益的授予对象；超过12个月未明确激励对象

的，预留权益失效。

第十六条 相关法律、行政法规、部门规章对上市公司董事、高级管理人员买卖本公司股票的期间有限制的，上市公司不得在相关限制期间内向激励对象授出限制性股票，激励对象也不得行使权益。

第十七条 上市公司启动及实施增发新股、并购重组、资产注入、发行可转债、发行公司债券等重大事项期间，可以实行股权激励计划。

第十八条 上市公司发生本办法第七条规定的情形之一的，应当终止实施股权激励计划，不得向激励对象继续授予新的权益，激励对象根据股权激励计划已获授但尚未行使的权益应当终止行使。

在股权激励计划实施过程中，出现本办法第八条规定的不得成为激励对象情形的，上市公司不得继续授予其权益，其已获授但尚未行使的权益应当终止行使。

第十九条 激励对象在获授限制性股票或者对获授的股票期权行使权益前后买卖股票的行为，应当遵守《证券法》《公司法》等相关规定。

上市公司应当在本办法第二十条规定的协议中，就前述义务向激励对象作出特别提示。

第二十条 上市公司应当与激励对象签订协议，确认股权激励计划的内容，并依照本办法约定双方的其他权利义务。

上市公司应当承诺，股权激励计划相关信息披露文件不存在虚假记载、误导性陈述或者重大遗漏。

所有激励对象应当承诺，上市公司因信息披露文件中有虚假记载、误导性陈述或者重大遗漏，导致不符合授予权益或行使权益安排的，激励对象应当自相关信息披露文件被确认存在虚假记载、误导性陈述或者重大遗漏后，将由股权激励计划所获得的全部利益返还公司。

第二十一条　激励对象参与股权激励计划的资金来源应当合法合规，不得违反法律、行政法规及中国证监会的相关规定。

上市公司不得为激励对象依股权激励计划获取有关权益提供贷款以及其他任何形式的财务资助，包括为其贷款提供担保。

第三章　限制性股票

第二十二条　本办法所称限制性股票是指激励对象按照股权激励计划规定的条件，获得的转让等部分权利受到限制的本公司股票。

限制性股票在解除限售前不得转让、用于担保或偿还债务。

第二十三条　上市公司在授予激励对象限制性股票时，应当确定授予价格或授予价格的确定方法。授予价格不得低于股票票面金额，且原则上不得低于下列价格较高者：

（一）股权激励计划草案公布前1个交易日的公司股票交易均

价的50%；

（二）股权激励计划草案公布前20个交易日、60个交易日或者120个交易日的公司股票交易均价之一的50%。

上市公司采用其他方法确定限制性股票授予价格的，应当在股权激励计划中对定价依据及定价方式作出说明。

第二十四条 限制性股票授予日与首次解除限售日之间的间隔不得少于12个月。

第二十五条 在限制性股票有效期内，上市公司应当规定分期解除限售，每期时限不得少于12个月，各期解除限售的比例不得超过激励对象获授限制性股票总额的50%。

当期解除限售的条件未成就的，限制性股票不得解除限售或递延至下期解除限售，应当按照本办法第二十六条规定处理。

第二十六条 出现本办法第十八条、第二十五条规定情形，或者其他终止实施股权激励计划的情形或激励对象未达到解除限售条件的，上市公司应当回购尚未解除限售的限制性股票，并按照《公司法》的规定进行处理。

对出现本办法第十八条第一款情形负有个人责任的，或出现本办法第十八条第二款情形的，回购价格不得高于授予价格；出现其他情形的，回购价格不得高于授予价格加上银行同期存款利息之和。

第二十七条 上市公司应当在本办法第二十六条规定的情形出现后及时召开董事会审议回购股份方案，并依法将回购股份方案提交股东大会批准。回购股份方案包括但不限于以下内容：

（一）回购股份的原因；

（二）回购股份的价格及定价依据；

（三）拟回购股份的种类、数量及占股权激励计划所涉及的标的股票的比例、占总股本的比例；

（四）拟用于回购的资金总额及资金来源；

（五）回购后公司股本结构的变动情况及对公司业绩的影响。

律师事务所应当就回购股份方案是否符合法律、行政法规、本办法的规定和股权激励计划的安排出具专业意见。

第四章　股票期权

第二十八条　本办法所称股票期权是指上市公司授予激励对象在未来一定期限内以预先确定的条件购买本公司一定数量股份的权利。

激励对象获授的股票期权不得转让、用于担保或偿还债务。

第二十九条　上市公司在授予激励对象股票期权时，应当确定行权价格或者行权价格的确定方法。行权价格不得低于股票票面金额，且原则上不得低于下列价格较高者：

（一）股权激励计划草案公布前1个交易日的公司股票交易均价；

（二）股权激励计划草案公布前20个交易日、60个交易日或者120个交易日的公司股票交易均价之一。

上市公司采用其他方法确定行权价格的，应当在股权激励计划中对定价依据及定价方式作出说明。

第三十条 股票期权授权日与获授股票期权首次可行权日之间的间隔不得少于12个月。

第三十一条 在股票期权有效期内，上市公司应当规定激励对象分期行权，每期时限不得少于12个月，后一行权期的起算日不得早于前一行权期的届满日。每期可行权的股票期权比例不得超过激励对象获授股票期权总额的50%。

当期行权条件未成就的，股票期权不得行权或递延至下期行权，并应当按照本办法第三十二条第二款规定处理。

第三十二条 股票期权各行权期结束后，激励对象未行权的当期股票期权应当终止行权，上市公司应当及时注销。

出现本办法第十八条、第三十一条规定情形，或者其他终止实施股权激励计划的情形或激励对象不符合行权条件的，上市公司应当注销对应的股票期权。

第五章 实施程序

第三十三条 上市公司董事会下设的薪酬与考核委员会负责拟订股权激励计划草案。

第三十四条 上市公司实行股权激励，董事会应当依法对股权激励计划草案作出决议，拟作为激励对象的董事或与其存在关联关系的董事应当回避表决。

董事会审议本办法第四十六条、第四十七条、第四十八条、第四十九条、第五十条、第五十一条规定中有关股权激励计划实施的事项时，拟作为激励对象的董事或与其存在关联关系的董事应当回避表决。

董事会应当在依照本办法第三十七条、第五十四条的规定履行公示、公告程序后，将股权激励计划提交股东大会审议。

第三十五条 独立董事及监事会应当就股权激励计划草案是否有利于上市公司的持续发展，是否存在明显损害上市公司及全体股东利益的情形发表意见。

独立董事或监事会认为有必要的，可以建议上市公司聘请独立财务顾问，对股权激励计划的可行性、是否有利于上市公司的持续发展、是否损害上市公司利益以及对股东利益的影响发表专业意见。上市公司未按照建议聘请独立财务顾问的，应当就此事项作特别说明。

第三十六条 上市公司未按照本办法第二十三条、第二十九条定价原则，而采用其他方法确定限制性股票授予价格或股票期权行权价格的，应当聘请独立财务顾问，对股权激励计划的可行性、是否有利于上市公司的持续发展、相关定价依据和定价方法的合理性、是否损害上市公司利益以及对股东利益的影响发表专业意见。

第三十七条 上市公司应当在召开股东大会前，通过公司网站或者其他途径，在公司内部公示激励对象的姓名和职务，公示期不少于10天。

监事会应当对股权激励名单进行审核，充分听取公示意见。上市公司应当在股东大会审议股权激励计划前5日披露监事会对激励名单审核及公示情况的说明。

第三十八条 上市公司应当对内幕信息知情人在股权激励计划草案公告前6个月内买卖本公司股票及其衍生品种的情况进行自查，说明是否存在内幕交易行为。

知悉内幕信息而买卖本公司股票的，不得成为激励对象，法律、行政法规及相关司法解释规定不属于内幕交易的情形除外。泄露内幕信息而导致内幕交易发生的，不得成为激励对象。

第三十九条 上市公司应当聘请律师事务所对股权激励计划出具法律意见书，至少对以下事项发表专业意见：

（一）上市公司是否符合本办法规定的实行股权激励的条件；

（二）股权激励计划的内容是否符合本办法的规定；

（三）股权激励计划的拟订、审议、公示等程序是否符合本办法的规定；

（四）股权激励对象的确定是否符合本办法及相关法律法规的规定；

（五）上市公司是否已按照中国证监会的相关要求履行信息披露义务；

（六）上市公司是否为激励对象提供财务资助；

（七）股权激励计划是否存在明显损害上市公司及全体股东利益和违反有关法律、行政法规的情形；

（八）拟作为激励对象的董事或与其存在关联关系的董事是否根据本办法的规定进行了回避；

（九）其他应当说明的事项。

第四十条 上市公司召开股东大会审议股权激励计划时，独立董事应当就股权激励计划向所有的股东征集委托投票权。

第四十一条 股东大会应当对本办法第九条规定的股权激励计划内容进行表决，并经出席会议的股东所持表决权的2/3以上通过。除上市公司董事、监事、高级管理人员、单独或合计持有上市公司5%以上股份的股东以外，其他股东的投票情况应当单独统计并予以披露。

上市公司股东大会审议股权激励计划时，拟为激励对象的股东或者与激励对象存在关联关系的股东，应当回避表决。

第四十二条 上市公司董事会应当根据股东大会决议，负责实施限制性股票的授予、解除限售和回购以及股票期权的授权、行权和注销。

上市公司监事会应当对限制性股票授予日及期权授予日激励对象名单进行核实并发表意见。

第四十三条 上市公司授予权益与回购限制性股票、激励对象行使权益前，上市公司应当向证券交易所提出申请，经证券交易所确认后，由证券登记结算机构办理登记结算事宜。

第四十四条 股权激励计划经股东大会审议通过后，上市公司应当在60日内授予权益并完成公告、登记；有获授权益条件的，应当在条件成就后60日内授出权益并完成公告、登记。上市公司未能在60日内完成上述工作的，应当及时披露未完成的原因，并宣告终止实施股权激励，自公告之日起3个月内不得再次审议股权激励计划。根据本办法规定上市公司不得授出权益的期间不计算在60日内。

第四十五条 上市公司应当按照证券登记结算机构的业务规则，在证券登记结算机构开设证券账户，用于股权激励的实施。

激励对象为外籍员工的，可以向证券登记结算机构申请开立证券账户。

尚未行权的股票期权，以及不得转让的标的股票，应当予以锁定。

第四十六条 上市公司在向激励对象授出权益前，董事会应当就股权激励计划设定的激励对象获授权益的条件是否成就进行审议，独立董事及监事会应当同时发表明确意见。律师事务所应当对激励对象获授权益的条件是否成就出具法律意见。

上市公司向激励对象授出权益与股权激励计划的安排存在差异时，独立董事、监事会（当激励对象发生变化时）、律师事务所、独立财务顾问（如有）应当同时发表明确意见。

第四十七条 激励对象在行使权益前，董事会应当就股权激励计划设定的激励对象行使权益的条件是否成就进行审议，独立董事及监事会应当同时发表明确意见。律师事务所应当对激励对象行使权益的条件是否成就出具法律意见。

第四十八条　因标的股票除权、除息或者其他原因需要调整权益价格或者数量的，上市公司董事会应当按照股权激励计划规定的原则、方式和程序进行调整。

律师事务所应当就上述调整是否符合本办法、公司章程的规定和股权激励计划的安排出具专业意见。

第四十九条　分次授出权益的，在每次授出权益前，上市公司应当召开董事会，按照股权激励计划的内容及首次授出权益时确定的原则，决定授出的权益价格、行使权益安排等内容。

当次授予权益的条件未成就时，上市公司不得向激励对象授予权益，未授予的权益也不得递延下期授予。

第五十条　上市公司在股东大会审议通过股权激励方案之前可对其进行变更。变更需经董事会审议通过。

上市公司对已通过股东大会审议的股权激励方案进行变更的，应当及时公告并提交股东大会审议，且不得包括下列情形：

（一）导致加速行权或提前解除限售的情形；

（二）降低行权价格或授予价格的情形。

独立董事、监事会应当就变更后的方案是否有利于上市公司的持续发展，是否存在明显损害上市公司及全体股东利益的情形发表独立意见。律师事务所应当就变更后的方案是否符合本办法及相关法律法规的规定、是否存在明显损害上市公司及全体股东利益的情形发表专业意见。

第五十一条 上市公司在股东大会审议股权激励计划之前拟终止实施股权激励的，需经董事会审议通过。

上市公司在股东大会审议通过股权激励计划之后终止实施股权激励的，应当由股东大会审议决定。

律师事务所应当就上市公司终止实施激励是否符合本办法及相关法律法规的规定、是否存在明显损害上市公司及全体股东利益的情形发表专业意见。

第五十二条 上市公司股东大会或董事会审议通过终止实施股权激励计划决议，或者股东大会审议未通过股权激励计划的，自决议公告之日起3个月内，上市公司不得再次审议股权激励计划。

第六章 信息披露

第五十三条 上市公司实行股权激励，应当真实、准确、完整、及时、公平地披露或者提供信息，不得有虚假记载、误导性陈述或者重大遗漏。

第五十四条 上市公司应当在董事会审议通过股权激励计划草案后，及时公告董事会决议、股权激励计划草案、独立董事意见及监事会意见。

上市公司实行股权激励计划依照规定需要取得有关部门批准的，应当在取得有关批复文件后的2个交易日内进行公告。

第五十五条 股东大会审议股权激励计划前，上市公司拟对股权激励方案进行变更的，变更议案经董事会审议通过后，上市公司应当及时披露董事会决议公告，同时披露变更原因、变更内容及独立董事、监事会、律师事务所意见。

第五十六条 上市公司在发出召开股东大会审议股权激励计划的通知时，应当同时公告法律意见书；聘请独立财务顾问的，还应当同时公告独立财务顾问报告。

第五十七条 股东大会审议通过股权激励计划及相关议案后，上市公司应当及时披露股东大会决议公告、经股东大会审议通过的股权激励计划，以及内幕信息知情人买卖本公司股票情况的自查报告。股东大会决议公告中应当包括中小投资者单独计票结果。

第五十八条 上市公司分次授出权益的，分次授出权益的议案经董事会审议通过后，上市公司应当及时披露董事会决议公告，对拟授出的权益价格、行使权益安排、是否符合股权激励计划的安排等内容进行说明。

第五十九条 因标的股票除权、除息或者其他原因调整权益价格或者数量的，调整议案经董事会审议通过后，上市公司应当及时披露董事会决议公告，同时公告律师事务所意见。

第六十条 上市公司董事会应当在授予权益及股票期权行权

登记完成后、限制性股票解除限售前，及时披露相关实施情况的公告。

第六十一条 上市公司向激励对象授出权益时，应当按照本办法第四十四条规定履行信息披露义务，并再次披露股权激励会计处理方法、公允价值确定方法、涉及估值模型重要参数取值的合理性、实施股权激励应当计提的费用及对上市公司业绩的影响。

第六十二条 上市公司董事会按照本办法第四十六条、第四十七条规定对激励对象获授权益、行使权益的条件是否成就进行审议的，上市公司应当及时披露董事会决议公告，同时公告独立董事、监事会、律师事务所意见以及独立财务顾问意见（如有）。

第六十三条 上市公司董事会按照本办法第二十七条规定审议限制性股票回购方案的，应当及时公告回购股份方案及律师事务所意见。回购股份方案经股东大会批准后，上市公司应当及时公告股东大会决议。

第六十四条 上市公司终止实施股权激励的，终止实施议案经股东大会或董事会审议通过后，上市公司应当及时披露股东大会决议公告或董事会决议公告，并对终止实施股权激励的原因、股权激励已筹划及实施进展、终止实施股权激励对上市公司的可能影响等作出说明，并披露律师事务所意见。

第六十五条 上市公司应当在定期报告中披露报告期内股权

激励的实施情况，包括：

（一）报告期内激励对象的范围；

（二）报告期内授出、行使和失效的权益总额；

（三）至报告期末累计已授出但尚未行使的权益总额；

（四）报告期内权益价格、权益数量历次调整的情况以及经调整后的最新权益价格与权益数量；

（五）董事、高级管理人员各自的姓名、职务以及在报告期内历次获授、行使权益的情况和失效的权益数量；

（六）因激励对象行使权益所引起的股本变动情况；

（七）股权激励的会计处理方法及股权激励费用对公司业绩的影响；

（八）报告期内激励对象获授权益、行使权益的条件是否成就的说明；

（九）报告期内终止实施股权激励的情况及原因。

第七章　监督管理

第六十六条　上市公司股权激励不符合法律、行政法规和本办法规定，或者上市公司未按照本办法、股权激励计划的规定实施股权激励的，上市公司应当终止实施股权激励，中国证监会及其派出机构责令改正，并书面通报证券交易所和证券登记结算机构。

第六十七条 上市公司未按照本办法及其他相关规定披露股权激励相关信息或者所披露的信息有虚假记载、误导性陈述或者重大遗漏的，中国证监会及其派出机构对公司及相关责任人员采取责令改正、监管谈话、出具警示函等监管措施；情节严重的，依照《证券法》予以处罚；涉嫌犯罪的，依法移交司法机关追究刑事责任。

第六十八条 上市公司因信息披露文件有虚假记载、误导性陈述或者重大遗漏，导致不符合授予权益或行使权益安排的，未行使权益应当统一回购注销，已经行使权益的，所有激励对象应当返还已获授权益。对上述事宜不负有责任的激励对象因返还已获授权益而遭受损失的，可按照股权激励计划相关安排，向上市公司或负有责任的对象进行追偿。

董事会应当按照前款规定和股权激励计划相关安排收回激励对象所得收益。

第六十九条 上市公司实施股权激励过程中，上市公司独立董事及监事未按照本办法及相关规定履行勤勉尽责义务的，中国证监会及其派出机构采取责令改正、监管谈话、出具警示函、认定为不适当人选等措施；情节严重的，依照《证券法》予以处罚；涉嫌犯罪的，依法移交司法机关追究刑事责任。

第七十条 利用股权激励进行内幕交易或者操纵证券市场的，中国证监会及其派出机构依照《证券法》予以处罚；情节严重的，对相关责任人员实施市场禁入等措施；涉嫌犯罪的，依法移交司法机关追究刑事责任。

第七十一条 为上市公司股权激励计划出具专业意见的证券服务机构和人员未履行勤勉尽责义务，所发表的专业意见存在虚假记载、误导性陈述或者重大遗漏的，中国证监会及其派出机构对相关机构及签字人员采取责令改正、监管谈话、出具警示函等措施；情节严重的，依照《证券法》予以处罚；涉嫌犯罪的，依法移交司法机关追究刑事责任。

第八章 附则

第七十二条 本办法下列用语具有如下含义：

标的股票：指根据股权激励计划，激励对象有权获授或者购买的上市公司股票。

权益：指激励对象根据股权激励计划获得的上市公司股票、股票期权。

授出权益（授予权益、授权）：指上市公司根据股权激励计划的安排，授予激励对象限制性股票、股票期权的行为。

行使权益（行权）：指激励对象根据股权激励计划的规定，解除限制性股票的限售、行使股票期权购买上市公司股份的行为。

分次授出权益（分次授权）：指上市公司根据股权激励计划的安排，向已确定的激励对象分次授予限制性股票、股票期权的行为。

分期行使权益（分期行权）：指根据股权激励计划的安排，激励对象已获授的限制性股票分期解除限售、已获授的股票期权分期行权的行为。

预留权益：指股权激励计划推出时未明确激励对象、股权激励计划实施过程中确定激励对象的权益。

授予日或者授权日：指上市公司向激励对象授予限制性股票、股票期权的日期。授予日、授权日必须为交易日。

限售期：指股权激励计划设定的激励对象行使权益的条件尚未成就，限制性股票不得转让、用于担保或偿还债务的期间，自激励对象获授限制性股票完成登记之日起算。

可行权日：指激励对象可以开始行权的日期。可行权日必须为交易日。

授予价格：上市公司向激励对象授予限制性股票时所确定的、激励对象获得上市公司股份的价格。

行权价格：上市公司向激励对象授予股票期权时所确定的、激励对象购买上市公司股份的价格。

标的股票交易均价：标的股票交易总额/标的股票交易总量。

本办法所称的“以上”“以下”含本数，“超过”“低于”“少于”不含本数。

第七十三条　国有控股上市公司实施股权激励，国家有关部门对其有特别规定的，应当同时遵守其规定。

第七十四条 本办法适用于股票在上海、深圳证券交易所上市的公司。

第七十五条 本办法自2016年8月13日起施行。原《上市公司股权激励管理办法（试行）》（证监公司字〔2005〕151号）及相关配套制度同时废止。

国有控股上市公司（境外）实施股权激励试行办法

国资发分配〔2006〕8号

第一章　总则

第一条　为指导国有控股上市公司（境外）依法实施股权激励，建立中长期激励机制，根据《中华人民共和国公司法》《企业国有资产监督管理暂行条例》等法律、行政法规，制定本办法。

第二条　本办法适用于中央非金融企业改制重组境外上市的国有控股上市公司（以下简称上市公司）。

第三条　本办法所称股权激励主要指股票期权、股票增值权等股权激励方式。

股票期权是指上市公司授予激励对象在未来一定期限内以预先确定的价格和条件购买本公司一定数量股票的权利。股票期权原则上适用于境外注册、国有控股的境外上市公司。股权激励对象有权行使该项权利，也有权放弃该项权利。股票期权不得转让和用于担保、偿还债务等。

股票增值权是指上市公司授予激励对象在一定的时期和条件

下，获得规定数量的股票价格上升所带来的收益的权利。股票增值权主要适用于发行境外上市外资股的公司。股权激励对象不拥有这些股票的所有权，也不拥有股东表决权、配股权。股票增值权不能转让和用于担保、偿还债务等。

上市公司还可根据本行业和企业特点，借鉴国际通行做法，探索实行其他中长期激励方式，如限制性股票、业绩股票等。

第四条 实施股权激励应具备以下条件：

（一）公司治理结构规范，股东会、董事会、监事会、经理层各负其责，协调运转，有效制衡。董事会中有3名以上独立董事并能有效履行职责；

（二）公司发展战略目标和实施计划明确，持续发展能力良好；

（三）公司业绩考核体系健全、基础管理制度规范，进行了劳动、用工、薪酬制度改革。

第五条 实施股权激励应遵循以下原则：

（一）坚持股东利益、公司利益和管理层利益相一致，有利于促进国有资本保值增值和上市公司的可持续发展；

（二）坚持激励与约束相结合，风险与收益相对称，适度强化对管理层的激励力度；

（三）坚持依法规范，公开透明，遵循境内外相关法律法规和境外上市地上市规则要求；

（四）坚持从实际出发，循序渐进，逐步完善。

第二章　股权激励计划的拟订

第六条　股权激励计划应包括激励方式、激励对象、授予数量、行权价格及行权价格的确定方式、行权期限等内容。

第七条　股权激励对象原则上限于上市公司董事、高级管理人员（以下简称高管人员）以及对上市公司整体业绩和持续发展有直接影响的核心技术人才和管理骨干，股权激励的重点是上市公司的高管人员。

本办法所称上市公司董事包括执行董事、非执行董事。独立非执行董事不参与上市公司股权激励计划。

本办法所称上市公司高管人员是指对公司决策、经营、管理负有领导职责的人员,包括总经理、副总经理、公司财务负责人(包括其他履行上述职责的人员)、董事会秘书和公司章程规定的其他人员。

上市公司核心技术人才、管理骨干由公司董事会根据其对上市公司发展的重要性和贡献等情况确定。高新技术企业可结合行业特点和高科技人才构成情况界定核心技术人才的激励范围，但须就确定依据、授予范围及数量等情况作出说明。在股权授予日，任何持有上市公司5%以上有表决权的股份的人员，未经股东大会批准，不得参加股权激励计划。

第八条　上市公司母公司（控股公司）负责人在上市公司任

职的，可参与股权激励计划，但只能参与一家上市公司的股权激励计划。

第九条 在股权激励计划有效期内授予的股权总量，应结合上市公司股本规模和股权激励对象的范围、薪酬结构及中长期激励预期收益水平合理确定。

（一）在股权激励计划有效期内授予的股权总量累计不得超过公司股本总额的10%。

（二）首次股权授予数量应控制在上市公司股本总额的1%以内。

第十条 在股权激励计划有效期内任何12个月期间授予任一人员的股权（包括已行使的和未行使的股权）超过上市公司发行总股本1%的，上市公司不再授予其股权。

第十一条 授予高管人员的股权数量按下列办法确定：

（一）在股权激励计划有效期内，高管人员预期股权激励收益水平原则上应控制在其薪酬总水平的40%以内。高管人员薪酬总水平应根据本公司业绩考核与薪酬管理办法，并参考境内外同类人员薪酬市场价位、本公司员工平均收入水平等因素综合确定。各高管人员薪酬总水平和预期股权收益占薪酬总水平的比例应根据上市公司岗位分析、岗位测评、岗位职责按岗位序列确定；

（二）按照国际通行的期权定价模型，计算股票期权或股票增值权的公平市场价值，确定每股股权激励预期收益；

（三）按照上述原则和股权授予价格（行权价格），确定高管人员股权授予的数量。

第十二条 股权的授予价格根据公平市场价原则，按境外上市规则及本办法的有关规定确定。

上市公司首次公开发行上市时实施股权激励计划的，其股权的授予价格按上市公司首次公开发行上市满30个交易日以后，依据境外上市规则规定的公平市场价格确定。

上市公司上市后实施的股权激励计划，其股权的授予价格不得低于授予日的收盘价或前5个交易日的平均收盘价，并不再予以折扣。

第十三条 上市公司因发行新股、转增股本、合并、分立等原因导致总股本发生变动或其他原因需要调整行权价格或股权授予数量的，可以按照股权激励计划规定的原则和方式进行调整，但应由公司董事会做出决议并经公司股东大会审议批准。

第十四条 股权激励计划有效期一般不超过10年，自股东大会通过股权激励计划之日起计算。

第十五条 在股权激励计划有效期内，每一次股权激励计划的授予间隔期应在一个完整的会计年度以上，原则上每两年授予一次。

第十六条 行权限制期为股权授予日至股权生效日的期限。股权限制期原则上定为两年，在限制期内不得行权。

第十七条 行权有效期为股权限制期满后至股权终止日的时

间，由上市公司根据实际情况确定，原则上不得低于3年。在行权有效期内原则上采取匀速分批行权办法，或按照符合境外上市规则要求的办法行权。超过行权有效期的，其权利自动失效，并不可追溯行使。

第十八条 上市公司不得在董事会讨论审批或公告公司年度、半年度、季度业绩报告等影响股票价格的敏感事项发生时授予股权或行权。

第三章 股权激励计划的审核

第十九条 国有控股股东代表在股东大会审议批准上市公司拟实施的股权激励计划之前，应将拟实施的股权激励计划及管理办法报履行国有资产出资人职责的机构或部门审核，并根据其审核意见在股东大会行使表决权。

第二十条 国有控股股东代表申报的股权激励计划报告应包括以下内容：

（一）上市公司的简要情况；

（二）上市公司股权激励计划方案和股权激励管理办法。主要应载明以下内容：股权授予的人员范围、授予数量、授予价格和行权时间的确定、权利的变更及丧失，以及股权激励计划的管理、监督等；选择的期权定价模型及股票期权或股票增值权预期收益的测算等情况的说明。

（三）上市公司绩效考核评价制度和股权激励计划实施的说明。绩效考核评价制度应当包括岗位职责核定、绩效考核评价指标和标准、年度及任期绩效责任目标、考核评价程序等内容。

（四）上市公司实施股权激励计划的组织领导和工作方案。

第二十一条 上市公司按批准的股权激励计划实施的分期股权授予方案，国有控股股东代表应当报履行国有资产出资人职责的机构或部门备案。其中因实施股权激励计划而增发股票及调整股权授予范围、超出首次股权授予规模等，应按本办法规定履行相应申报程序。

第二十二条 上市公司终止股权激励计划并实施新计划，国有控股股东代表应按照本办法规定重新履行申报程序。原股权激励计划终止后，不得根据已终止的计划再授予股权。

第四章 股权激励计划的管理

第二十三条 国有控股股东代表应要求和督促上市公司制定严格的股权激励管理办法，建立规范的绩效考核评价制度；按照上市公司股权激励管理办法和绩效考核评价办法确定对高管人员股权的授予和行权；对已经授予的股权数量在行权时可根据年度业绩考核情况进行动态调整。

第二十四条 股权激励对象应承担行权时所发生的费用，并依法纳税。上市公司不得对股权激励对象行权提供任何财务资助。

第二十五条 股权激励对象因辞职、调动、被解雇、退休、死亡、丧失行为能力等原因终止服务时，其股权的行使应作相应调整，采取行权加速、终止等处理方式。

第二十六条 参与上市公司股权激励计划的上市公司母公司（控股公司）的负责人，其股权激励计划的实施应符合《中央企业负责人经营业绩考核暂行办法》（国资委令第2号）的有关规定。上市公司或其母公司（控股公司）为中央金融企业的，企业负责人股权激励计划的实施应符合财政部有关国有金融企业绩效考核的规定。

第二十七条 上市公司高管人员的股票期权应保留一定比例在任职期满后根据任期考核结果行权，任职（或任期）期满后的行权比例不得低于授权总量的20%；对授予的股票增值权，其行权所获得的现金收益需进入上市公司为股权激励对象开设的账户，账户中的现金收益应有不低于20%的部分至任职（或任期）期满考核合格后方可提取。

第二十八条 有以下情形之一的，当年年度可行权部分应予取消：

（一）上市公司年度绩效考核达不到股权激励计划规定的业绩考核标准的；

（二）年度财务报告被注册会计师出具否定意见或无法表示意见的；

（三）监事会或审计部门对上市公司业绩或年度财务报告提出重大异议的。

第二十九条 股权激励对象有以下情形之一的，应取消其行权资格：

（一）严重失职、渎职的；

（二）违反国家有关法律法规、上市公司章程规定的；

（三）上市公司有足够的证据证明股权持有者在任职期间，由于受贿索贿、贪污盗窃、泄露上市公司经营和技术秘密、实施关联交易损害上市公司利益、声誉和对上市公司形象有重大负面影响的行为，给上市公司造成损失的。

第三十条 国有控股股东代表应要求和督促上市公司在实施股权激励计划的财务、会计处理及其税收等方面严格执行境内外有关法律法规、财务制度、会计准则、税务制度和上市规则。

第三十一条 国有控股股东代表应将下列事项在上市公司年度报告披露后10日内报履行国有资产出资人职责的机构或部门备案：

（一）公司股权激励计划的授予和行使情况；

（二）公司董事、高管人员持有股权的数量、期限、本年度已经行权和未行权的情况及其所持股权数量与期初所持数量的对比情况；

（三）公司实施股权激励绩效考核情况及实施股权激励对公司费用及利润的影响情况等。

第五章　附则

第三十二条　中央金融企业、地方国有或国有控股企业改制重组境外上市的公司比照本办法执行。

第三十三条　原经批准已实施股权激励计划的上市公司，在按原计划分期实施或拟订新计划时应按照本办法的规定执行。

第三十四条　本办法自2006年3月1日起施行。

国务院国有资产监督管理委员会　财政部

二〇〇六年一月二十七日

国有控股上市公司（境内）实施股权激励试行办法

国资发分配〔2006〕175号

第一章　总则

第一条　为指导国有控股上市公司（境内）规范实施股权激励制度，建立健全激励与约束相结合的中长期激励机制，进一步完善公司法人治理结构，依据《中华人民共和国公司法》《中华人民共和国证券法》《企业国有资产监督管理暂行条例》等有关法律、行政法规的规定，制定本办法。

第二条　本办法适用于股票在中华人民共和国境内上市的国有控股上市公司（以下简称上市公司）。

第三条　本办法主要用于指导上市公司国有控股股东依法履行相关职责，按本办法要求申报上市公司股权激励计划，并按履行国有资产出资人职责的机构或部门意见，审议表决上市公司股权激励计划。

第四条　本办法所称股权激励，主要是指上市公司以本公司股票为标的，对公司高级管理等人员实施的中长期激励。

第五条　实施股权激励的上市公司应具备以下条件：

（一）公司治理结构规范，股东会、董事会、经理层组织健全，职责明确。外部董事（含独立董事，下同）占董事会成员半数以上；

（二）薪酬委员会由外部董事构成，且薪酬委员会制度健全，议事规则完善，运行规范；

（三）内部控制制度和绩效考核体系健全，基础管理制度规范，建立了符合市场经济和现代企业制度要求的劳动用工、薪酬福利制度及绩效考核体系；

（四）发展战略明确，资产质量和财务状况良好，经营业绩稳健；近三年无财务违法违规行为和不良记录；

（五）证券监管部门规定的其他条件。

第六条　实施股权激励应遵循以下原则：

（一）坚持激励与约束相结合，风险与收益相对称，强化对上市公司管理层的激励力度；

（二）坚持股东利益、公司利益和管理层利益相一致，有利于促进国有资本保值增值，有利于维护中小股东利益，有利于上市公司的可持续发展；

（三）坚持依法规范，公开透明，遵循相关法律法规和公司章程规定；

（四）坚持从实际出发，审慎起步，循序渐进，不断完善。

第二章　股权激励计划的拟订

第七条　股权激励计划应包括股权激励方式、激励对象、激励条件、授予数量、授予价格及其确定的方式、行权时间限制或解锁期限等主要内容。

第八条 股权激励的方式包括股票期权、限制性股票以及法律、行政法规允许的其他方式。上市公司应以期权激励机制为导向，根据实施股权激励的目的，结合本行业及本公司的特点确定股权激励的方式。

第九条 实施股权激励计划所需标的股票来源，可以根据本公司实际情况，通过向激励对象发行股份、回购本公司股份及法律、行政法规允许的其他方式确定，不得由单一国有股股东支付或擅自无偿量化国有股权。

第十条 实施股权激励计划应当以绩效考核指标完成情况为条件，建立健全绩效考核体系和考核办法。绩效考核目标应由股东大会确定。

第十一条 股权激励对象原则上限于上市公司董事、高级管理人员以及对上市公司整体业绩和持续发展有直接影响的核心技术人员和管理骨干。

上市公司监事、独立董事以及由上市公司控股公司以外的人员担任的外部董事，暂不纳入股权激励计划。

证券监管部门规定的不得成为激励对象的人员，不得参与股权激励计划。

第十二条 实施股权激励的核心技术人员和管理骨干，应根据上市公司发展的需要及各类人员的岗位职责、绩效考核等相关情况综合确定，并须在股权激励计划中就确定依据、激励条件、授予范围及数量等情况作出说明。

第十三条 上市公司母公司（控股公司）的负责人在上市公司担任职务的，可参加股权激励计划，但只能参与一家上市公司的股权激励计划。

在股权授予日，任何持有上市公司5%以上有表决权的股份的人员，未经股东大会批准，不得参加股权激励计划。

第十四条 在股权激励计划有效期内授予的股权总量，应结合上市公司股本规模的大小和股权激励对象的范围、股权激励水平等因素，在0.1%～10%之间合理确定。但上市公司全部有效的股权激励计划所涉及的标的股票总数累计不得超过公司股本总额的10%。

上市公司首次实施股权激励计划授予的股权数量原则上应控制在上市公司股本总额的1%以内。

第十五条 上市公司任何一名激励对象通过全部有效的股权激励计划获授的本公司股权，累计不得超过公司股本总额的1%，经股东大会特别决议批准的除外。

第十六条 授予高级管理人员的股权数量按下列办法确定：

（一）在股权激励计划有效期内，高级管理人员个人股权激励预期收益水平，应控制在其薪酬总水平（含预期的期权或股权收益）的30%以内。高级管理人员薪酬总水平应参照国有资产监督管理机构或部门的原则规定，依据上市公司绩效考核与薪酬管理办法确定。

（二）参照国际通行的期权定价模型或股票公平市场价，科学合理测算股票期权的预期价值或限制性股票的预期收益。

按照上述办法预测的股权激励收益和股权授予价格（行权价格），确定高级管理人员股权授予数量。

第十七条 授予董事、核心技术人员和管理骨干的股权数量比照高级管理人员的办法确定。各激励对象薪酬总水平和预期股权激励收益占薪酬总水平的比例应根据上市公司岗位分析、岗位测评和岗位职责按岗位序列确定。

第十八条 根据公平市场价原则，确定股权的授予价格（行权价格）。

（一）上市公司股权的授予价格应不低于下列价格较高者：

1. 股权激励计划草案摘要公布前一个交易日的公司标的股票收盘价；

2. 股权激励计划草案摘要公布前30个交易日内的公司标的股票平均收盘价。

（二）上市公司首次公开发行股票时拟实施的股权激励计划，其股权的授予价格在上市公司首次公开发行上市满30个交易日以后，依据上述原则规定的市场价格确定。

第十九条 股权激励计划的有效期自股东大会通过之日起计算，一般不超过10年。股权激励计划有效期满，上市公司不得依据此计划再授予任何股权。

第二十条 在股权激励计划有效期内，应采取分次实施的方式，每期股权授予方案的间隔期应在一个完整的会计年度以上。

第二十一条 在股权激励计划有效期内，每期授予的股票期权，均应设置行权限制期和行权有效期，并按设定的时间表分批行权：

（一）行权限制期为股权自授予日（授权日）至股权生效日（可行权日）止的期限。行权限制期原则上不得少于2年，在限制期内不可以行权。

（二）行权有效期为股权生效日至股权失效日止的期限，由上市公司根据实际确定，但不得低于3年。在行权有效期内原则上采取匀速分批行权办法。超过行权有效期的，其权利自动失效，并不可追溯行使。

第二十二条 在股权激励计划有效期内，每期授予的限制性股票，其禁售期不得低于2年。禁售期满，根据股权激励计划和业绩目标完成情况确定激励对象可解锁（转让、出售）的股票数量。解锁期不得低于3年，在解锁期内原则上采取匀速解锁办法。

第二十三条 高级管理人员转让、出售其通过股权激励计划所得的股票，应符合有关法律、行政法规的相关规定。

第二十四条 在董事会讨论审批或公告公司定期业绩报告等影响股票价格的敏感事项发生时不得授予股权或行权。

第三章　股权激励计划的申报

第二十五条　上市公司国有控股股东在股东大会审议批准股权激励计划之前，应将上市公司拟实施的股权激励计划报履行国有资产出资人职责的机构或部门审核（控股股东为集团公司的由集团公司申报），经审核同意后提请股东大会审议。

第二十六条　国有控股股东申报的股权激励报告应包括以下内容：

（一）上市公司简要情况，包括公司薪酬管理制度、薪酬水平等情况；

（二）股权激励计划和股权激励管理办法等应由股东大会审议的事项及其相关说明；

（三）选择的期权定价模型及股票期权的公平市场价值的测算、限制性股票的预期收益等情况的说明；

（四）上市公司绩效考核评价制度及发展战略和实施计划的说明等。绩效考核评价制度应当包括岗位职责核定、绩效考核评价指标和标准、年度及任期绩效考核目标、考核评价程序以及根据绩效考核评价办法对高管人员股权的授予和行权的相关规定。

第二十七条　国有控股股东应将上市公司按股权激励计划实施的分期股权激励方案，事前报履行国有资产出资人职责的机构或部门备案。

第二十八条 国有控股股东在下列情况下应按本办法规定重新履行申报审核程序:

（一）上市公司终止股权激励计划并实施新计划或变更股权激励计划相关事项的;

（二）上市公司因发行新股、转增股本、合并、分立、回购等原因导致总股本发生变动或其他原因需要调整股权激励对象范围、授予数量等股权激励计划主要内容的。

第二十九条 股权激励计划应就公司控制权变更、合并、分立，以及激励对象辞职、调动、被解雇、退休、死亡、丧失民事行为能力等事项发生时的股权处理依法作出行权加速、终止等相应规定。

第四章 股权激励计划的考核、管理

第三十条 国有控股股东应依法行使股东权利，要求和督促上市公司制定严格的股权激励管理办法，并建立与之相适应的绩效考核评价制度，以绩效考核指标完成情况为基础对股权激励计划实施动态管理。

第三十一条 按照上市公司股权激励管理办法和绩效考核评价办法确定对激励对象股权的授予、行权或解锁。

对已经授予的股票期权，在行权时可根据年度绩效考核情况进行动态调整。

对已经授予的限制性股票，在解锁时可根据年度绩效考核情况确定可解锁的股票数量，在设定的解锁期内未能解锁，上市公司应收回或以激励对象购买时的价格回购已授予的限制性股票。

第三十二条　参与上市公司股权激励计划的上市公司母公司（控股公司）的负责人，其股权激励计划的实施应符合《中央企业负责人经营业绩考核暂行办法》或相应国有资产监管机构或部门的有关规定。

第三十三条　授予董事、高级管理人员的股权，应根据任期考核或经济责任审计结果行权或兑现。授予的股票期权，应有不低于授予总量的20%留至任职（或任期）考核合格后行权；授予的限制性股票，应将不低于20%的部分锁定至任职（或任期）期满后兑现。

第三十四条　国有控股股东应依法行使股东权利，要求上市公司在发生以下情形之一时，中止实施股权激励计划，自发生之日起一年内不得向激励对象授予新的股权，激励对象也不得根据股权激励计划行使权利或获得收益：

（一）企业年度绩效考核达不到股权激励计划规定的绩效考核标准；

（二）国有资产监督管理机构或部门、监事会或审计部门对上市公司业绩或年度财务会计报告提出重大异议；

（三）发生重大违规行为，受到证券监管及其他有关部门处罚。

第三十五条 股权激励对象有以下情形之一的，上市公司国有控股股东应依法行使股东权利，提出终止授予新的股权并取消其行权资格：

（一）违反国家有关法律法规、上市公司章程规定的；

（二）任职期间，由于受贿索贿、贪污盗窃、泄露上市公司经营和技术秘密、实施关联交易损害上市公司利益、声誉和对上市公司形象有重大负面影响等违法违纪行为，给上市公司造成损失的。

第三十六条 实施股权激励计划的财务、会计处理及其税收等问题，按国家有关法律、行政法规、财务制度、会计准则、税务制度规定执行。

上市公司不得为激励对象按照股权激励计划获取有关权益提供贷款以及其他任何形式的财务资助，包括为其贷款提供担保。

第三十七条 国有控股股东应按照有关规定和本办法的要求，督促和要求上市公司严格履行信息披露义务，及时披露股权激励计划及董事、高级管理人员薪酬管理等相关信息。

第三十八条 国有控股股东应在上市公司年度报告披露后5个工作日内将以下情况报履行国有资产出资人职责的机构或部门备案：

（一）公司股权激励计划的授予、行权或解锁等情况；

（二）公司董事、高级管理等人员持有股权的数量、期限、本年度已经行权（或解锁）和未行权（或解锁）的情况及其所持股权数量与期初所持数量的变动情况；

（三）公司实施股权激励绩效考核情况、实施股权激励对公司费用及利润的影响等。

第五章 附则

第三十九条 上市公司股权激励的实施程序和信息披露、监管和处罚应符合中国证监会《上市公司股权激励管理办法（试行）》的有关规定。上市公司股权激励计划应经履行国有资产出资人职责的机构或部门审核同意后，报中国证监会备案以及在相关机构办理信息披露、登记结算等事宜。

第四十条 本办法下列用语的含义：

（一）国有控股上市公司，是指政府或国有企业（单位）拥有50%以上股本，以及持有股份的比例虽然不足50%，但拥有实际控制权或依其持有的股份已足以对股东大会的决议产生重大影响的上市公司。

其中控制权，是指根据公司章程或协议，能够控制企业的财务和经营决策。

（二）股票期权，是指上市公司授予激励对象在未来一定期限内以预先确定的价格和条件购买本公司一定数量股票的权利。激励对象有权行使这种权利，也有权放弃这种权利，但不得用于转让、质押或者偿还债务。

（三）限制性股票，是指上市公司按照预先确定的条件授予激励对象一定数量的本公司股票，激励对象只有在工作年限或业绩目标符合股权激励计划规定条件的，才可出售限制性股票并从中获益。

（四）高级管理人员，是指对公司决策、经营、管理负有领导职责的人员，包括经理、副经理、财务负责人（或其他履行上述职责的人员）、董事会秘书和公司章程规定的其他人员。

（五）外部董事，是指由国有控股股东依法提名推荐、由任职公司或控股公司以外的人员（非本公司或控股公司员工的外部人员）担任的董事。对主体业务全部或大部分进入上市公司的企业，其外部董事应为任职公司或控股公司以外的人员；对非主业部分进入上市公司或只有一部分主业进入上市公司的子公司，以及二级以下的上市公司，其外部董事应为任职公司以外的人员。

外部董事不在公司担任除董事和董事会专门委员会有关职务外的其他职务，不负责执行层的事务，与其担任董事的公司不存在可能影响其公正履行外部董事职务的关系。

外部董事含独立董事。独立董事是指与所受聘的公司及其主要股东没有任何经济上的利益关系且不在上市公司担任除独立董事外的其他任何职务。

（六）股权激励预期收益，是指实行股票期权的预期收益为股票期权的预期价值，单位期权的预期价值参照国际通行的期权定价模型进行测算；实行限制性股票的预期收益为获授的限制性股票的价值，单位限制性股票的价值为其授予价格扣除激励对象的购买价格。

第四十一条　本办法自印发之日起施行。

国务院国有资产监督管理委员会　财政部

二〇〇六年九月三十日

关于进一步做好中央企业控股上市公司股权激励工作有关事项的通知

国资发考分规〔2019〕102号

各中央企业：

为深入贯彻习近平新时代中国特色社会主义思想和党的十九大精神，认真落实党中央、国务院决策部署，积极支持中央企业控股上市公司建立健全长效激励约束机制，充分调动核心骨干人才的积极性，推动中央企业实现高质量发展，根据有关法律法规规定，现就进一步做好中央企业控股上市公司（以下简称上市公司）股权激励工作的有关事项通知如下：

一、科学制定股权激励计划

（一）中央企业应当结合本集团产业发展规划，积极推动所控股上市公司建立规范、有效、科学的股权激励机制，综合运用多种激励工具，系统构建企业核心骨干人才激励体系。股权激励对象应当聚焦核心骨干人才队伍，应当结合企业高质量发展需要、行业竞争特点、关键岗位职责、绩效考核评价等因素综合确定。中央和国资委管理的中央企业负责人不纳入股权激励对象范围。

（二）股权激励方式应当按照股票上市交易地监管规定，根据所在行业经营规律、企业改革发展实际等因素科学确定，一般为股票期权、股票增值权、限制性股票等方式，也可以结合股票交易市场其他公司实施股权激励的进展情况，探索试行法律、行政法规允许的其他激励方式。

（三）鼓励上市公司根据企业发展规划，采取分期授予方式实施股权激励，充分体现激励的长期效应。每期授予权益数量应当与公司股本规模、激励对象人数，以及权益授予价值等因素相匹配。中小市值上市公司及科技创新型上市公司，首次实施股权激励计划授予的权益数量占公司股本总额的比重，最高可以由1%上浮至3%。上市公司两个完整年度内累计授予的权益数量一般在公司总股本的3%以内，公司重大战略转型等特殊需要的可以适当放宽至总股本的5%以内。

（四）上市公司应当按照股票上市交易地监管规定和上市规则，确定权益授予的公平市场价格。股票期权、股票增值权的行权价格按照公平市场价格确定，限制性股票的授予价格按照不低于公平市场价格的50%确定。股票公平市场价格低于每股净资产的，限制性股票授予价格原则上按照不低于公平市场价格的60%确定。

（五）上市公司应当依据本公司业绩考核与薪酬管理办法，结合公司经营效益情况，并参考市场同类人员薪酬水平、本公司岗位薪酬体系等因素，科学设置激励对象薪酬结构，合理确定激励对象薪酬水平、权益授予价值与授予数量。董事、高级管理人员的权益授予价值，境内外上市公司统一按照不高于授予时薪酬总水平（含权益授予价值）的40%确定，管理、技术和业务骨干等其他激励对象的权益授予价值，由上市公司董事会合理确定。股权激励对象实际获得的收益，属于投资性收益，不再设置调控上限。

二、完善股权激励业绩考核

（六）上市公司应当建立健全股权激励业绩考核及激励对象绩效考核评价体系。股权激励的业绩考核，应当体现股东对公司经营发展的业绩要求和考核导向。在权益授予环节，业绩考核目标应当根据公司发展战略规划合理设置，股权激励计划无分次实施安排的，可以不设置业绩考核条件。在权益生效（解锁）环节，业绩考核目标应当结合公司经营趋势、所处行业发展周期科学设置，体现前瞻性、挑战性，可以通过与境内外同行业优秀企业业绩水平横向对标的方式确定。上市公司在公告股权激励计划草案时，应当披露所设定业绩考核指标与目标水平的科学性和合理性。

（七）上市公司应当制定规范的股权激励管理办法，以业绩考核指标完成情况为基础对股权激励计划实施动态管理。上市公司按照股权激励管理办法和业绩考核评价办法，以业绩考核完成情况决定对激励对象全体和个人权益的授予和生效（解锁）。

三、支持科创板上市公司实施股权激励

（八）中央企业控股科创板上市公司实施股权激励，原则上按照科创板有关上市规则制定股权激励计划。

（九）科创板上市公司以限制性股票方式实施股权激励的，若授予价格低于公平市场价格的50%，上市公司应当适当延长限制性股票的禁售期及解锁期，并设置不低于公司近三年平均业绩水平或同行业75分位值水平的解锁业绩目标条件。

（十）尚未盈利的科创板上市公司实施股权激励的，限制性股票授予价格按照不低于公平市场价格的60%确定。在上市公司实现盈利前，可生效的权益比例原则上不超过授予额度的40%，对于属于国家重点战略行业、且因行业特性需要较长时间才可实现盈利的，应当在股权激励计划中明确提出调整权益生效安排的申请。

四、健全股权激励管理体制

（十一）中央企业集团公司应当切实履行出资人职责，根据国有控股上市公司实施股权激励的有关政策规定，通过规范的公司治理程序，认真指导所属各级控股上市公司规范实施股权激励，充分调动核心骨干人才创新创业的积极性，共享企业改革发展成果。

（十二）中央企业控股上市公司根据有关政策规定，制定股权激励计划，在股东大会审议之前，国有控股股东按照公司治理

和股权关系，经中央企业集团公司审核同意，并报国资委批准。

（十三）国资委不再审核股权激励分期实施方案（不含主营业务整体上市公司），上市公司依据股权激励计划制定的分期实施方案，国有控股股东应当在董事会审议决定前，报中央企业集团公司审核同意。

（十四）国资委依法依规对中央企业控股上市公司股权激励实施情况进行监督管理。未按照法律、行政法规及相关规定实施股权激励计划的，中央企业应当督促上市公司立即进行整改，并对公司及相关责任人依法依规追究责任。在整改期间，中央企业集团公司应当停止受理该公司实施股权激励的申请。

（十五）国有控股股东应当要求和督促上市公司真实、准确、完整、及时地公开披露股权激励实施情况，不得有虚假记载、误导性陈述或者重大遗漏。上市公司应当在年度报告中披露报告期内股权激励的实施情况和业绩考核情况。中央企业应当于上市公司年度报告披露后，将本企业所控股上市公司股权激励实施情况报告国资委。

（十六）本通知适用于国资委履行出资人职责的中央企业，与本通知不一致的，按照本通知执行。

国务院国有资产监督管理委员会

二〇一九年十月二十四日

境内上市公司外籍员工参与股权激励资金管理办法

银发〔2019〕25号

一、为规范境内上市公司外籍员工参与A股股权激励资金管理，根据《中华人民共和国中国人民银行法》《中华人民共和国外汇管理条例》《个人外汇管理办法》（中国人民银行令〔2006〕第3号发布）等相关法律法规规定，制定本办法。

二、境内上市公司按照《上市公司股权激励管理办法》（中国证券监督管理委员会令第148号发布）实施股权激励，涉及境内上市公司外籍员工参与股权激励的，境内上市公司及其外籍员工应当按照本办法办理登记及资金划转等有关事项。

三、中国人民银行及其分支机构对境内上市公司外籍员工参与股权激励所涉人民币业务实施监督、管理和检查。国家外汇管理局及其分支机构对境内上市公司外籍员工参与股权激励所涉外汇业务实施监督、管理和检查。

四、国家外汇管理局对境内上市公司外籍员工参与股权激励实行登记管理。境内上市公司外籍员工应当集中委托实施股权激励的境内上市公司统一办理相关登记。

五、境内上市公司外籍员工参与股权激励的，境内上市公司应当在对股权激励计划进行公告后的30日内，持以下材料，在境内上市公司所在地国家外汇管理局分局、外汇管理部（以下简称所在地外汇局），统一办理境内上市公司外籍员工参与股权激励登记：

（一）书面申请，包括但不限于境内上市公司基本情况，股权激励计划基本情况，境内上市公司外籍员工参与股权激励的计划汇入金额等。

（二）《境内上市公司外籍员工参与股权激励登记表》（见附1）。

（三）境内上市公司相关公告等能够证明股权激励计划真实性的证明材料。

（四）境内上市公司出具的外籍员工与其雇佣或劳务关系属实的承诺函（附参与股权激励计划的外籍员工名单、身份证件类型、身份证件号码、所涉及股权激励类型等）。

（五）所在地外汇局要求提供的其他材料。

所在地外汇局审核上述材料无误后，为境内上市公司出具相应的境内上市公司外籍员工参与股权激励业务登记凭证（以下简称业务登记凭证）。境内上市公司凭业务登记凭证、外籍员工凭业务登记凭证复印件办理境内上市公司外籍员工参与股权激励相关跨境收支、资金划转及汇兑业务。

六、境内上市公司外籍员工参与股权激励所需资金，可以来源于其在境内的合法收入，也可以来源于从境外汇入的资金。

七、境内上市公司外籍员工从境外汇入资金参与股权激励的，外籍员工应当将资金从境外汇入至境内上市公司账户或外籍员工个人银行结算账户。

外籍员工使用其境内外币账户内的资金参与股权激励的，外籍员工应将资金结汇后划入境内上市公司账户或外籍员工个人银行结算账户。

银行审核业务登记凭证后，依据国家外汇管理局资本项目信息系统相关控制信息表的内容，为境内上市公司或其外籍员工办理入账或结汇入账手续。

八、境内上市公司外籍员工需将出售股权激励项下股票或权益资金、参与股权激励项下分红派息所得资金汇出境外或购汇划转至其境内外币账户的，可凭以下材料在银行办理汇出或购汇划转：

（一）业务登记凭证。

（二）外籍员工身份证明（外籍员工身份证明应当与境内上市公司办理登记时，在《境内上市公司外籍员工参与股权激励登记表》中填写的身份证件类型和身份证件号码一致）。

（三）证券公司出具的股权激励项下外籍员工境内交易证明文件或证券账户红利股息入账凭证。

（四）银行要求的其他真实性证明材料。

九、境内上市公司外籍员工从境外汇入资金参与股权激励计划后，限制性股票解锁条件未达成，或股票期权未行权的，境内上市公司或其外籍员工可凭以下材料，将外籍员工汇入资金退回境外。

（一）业务登记凭证。

（二）境内上市公司回购股权激励项下限制性股票的公告等相关真实性证明材料。

（三）外籍员工从境外汇入资金的证明。

十、境内上市公司或其外籍员工办理股权激励项下资金跨境收付时，应当按《国际收支统计申报办法》《通过银行进行国际收支统计申报业务实施细则》（汇发〔2015〕27号文印发）等规定进行国际收支申报。

银行应当按照数据申报规范（见附2），完整、准确、及时地报送境内上市公司外籍员工参与股权激励项下资金跨境收付及汇兑的相关数据。

银行应当按照人民币跨境收付信息管理系统相关管理要求，及时、准确、完整地向人民币跨境收付信息管理系统报送人民币跨境收支信息。

十一、股权激励计划发生已公告的重大变更或参与该股权激励计划的境内上市公司外籍员工信息发生变化的，境内上市公司应当在公告后30日内，持书面申请、原业务登记凭证、最新填写的《境内上市公司外籍员工参与股权激励登记表》以及相关公告等真实性证明材料，到所在地外汇局办理境内上市公司外籍员工参与股权激励变更登记。

十二、境内上市公司终止实施股权激励且无外籍员工行使权益的，境内上市公司应当在公告后30日内，持书面申请、原业务登记凭证、相关公告等真实性证明材料，到所在地外汇局办理境内上市公司外籍员工参与股权激励注销登记。

十三、境内上市公司外籍员工参与股权激励，应当符合本办法及中国证券监督管理委员会等相关部门的规定。不得违反本办法及中国证券监督管理委员会等相关部门的规定，从事其他证券交易活动。

十四、境内上市公司、外籍员工及银行在办理境内上市公司外籍员工参与股权激励业务过程中违反本办法的，中国人民银行、国家外汇管理局及其分支机构按照相关规定进行处罚。

十五、境内上市公司港澳台员工参与境内上市公司股权激励的，参照本办法执行。

十六、本办法由中国人民银行、国家外汇管理局负责解释。

十七、本办法自印发之日起实施。其他相关管理规定与本办法不一致的，以本办法为准。

附件：

1. 境内上市公司外籍员工参与股权激励登记表（此处略）

2. 境内上市公司外籍员工参与股权激励所涉跨境收支/结售汇数据申报规范（此处略）

中国人民银行　国家外汇管理局

二〇一九年一月二十三日

关于支持上市公司回购股份的意见

中国证券监督管理委员会公告〔2018〕35号

为进一步提高上市公司质量，优化投资者回报机制，建立健全长效激励机制，促进资本市场长期稳定健康发展，证监会、财政部、国资委根据《公司法》《证券法》等法律法规的有关规定，就上市公司回购股份提出意见如下：

一、上市公司股份回购是国际通行的公司实施并购重组、优化治理结构、稳定股价的必要手段，已是资本市场的一项基础性制度安排。上市公司要切实增强投资者回报意识，充分有效运用法律规定的股份回购方式，积极回报投资者。鼓励上市公司在章程或其他治理文件中完善股份回购机制，明确股份回购的触发条件、回购流程等具体安排。上市公司以现金为对价，采用要约方式、集中竞价方式回购股份的，视同上市公司现金分红，纳入现金分红的相关比例计算。

二、上市公司股价低于其每股净资产的，董事会应当及时了解是否存在对股价可能产生较大影响的重大事件和其他因素，通过多种渠道主动与股东特别是中小股东进行沟通和交流，充分听取股东关于公司是否应实施股份回购等措施的意见和诉求。

三、上市公司股价低于其每股净资产，或者20个交易日内股价跌幅累计达到30%的，可以为维护公司价值及股东权益进行股份回购；上市公司因该情形实施股份回购并减少注册资本的，不适用《上市公司回购社会公众股份管理办法（试行）》第八条关于股票上市已满一年的要求和《关于上市公司以集中竞价交易方式回购股份的补充规定》第九条关于特定期间内不得回购股份的条件限制。

四、鼓励上市公司依法回购股份用于股权激励及员工持股计划。

上市金融企业可以在合理确定回购实施价格、切实防范利益输送的基础上，依法回购股份用于实施股权激励或者员工持股计划，并按有关规定做好管理。

上市证券公司实施员工持股计划的，应当依法通过资产管理计划、信托计划等形式进行。

五、继续支持上市公司通过发行优先股、债券等多种方式，为回购本公司股份筹集资金。支持实施股份回购的上市公司依法以简便快捷方式进行再融资。鼓励上市公司的控股股东、实际控制人结合自身状况，积极增持上市公司股份，推动上市公司回购公司股份，并在资金方面提供支持。

上市公司实施股份回购后申请再融资，融资规模不超过最近十二个月股份回购总金额10倍的，本次再融资发行股票的董事会决议日距前次募集资金到位日不受融资间隔期的限制，审核中对此类再融资申请给予优先支持。

股东大会授权董事会实施股份回购的，可以依法一并授权董事会实施再融资。上市公司实施股份回购的，可以同时申请发行可转换公司债券，募集时间由上市公司按照有关规定予以确定。

六、上市公司的国有股东要做积极的、负责任的股东，支持所控股上市公司完善股份回购机制、依法实施股份回购，并通过多种方式促进上市公司提高发展质量和效益，实现做强做优，努力做维护证券市场健康稳定发展的表率。

中国证监会　财政部　国资委

二〇一八年十一月九日

关于个人所得税法修改后有关优惠政策衔接问题的通知

财税〔2018〕164号

各省、自治区、直辖市、计划单列市财政厅（局），国家税务总局各省、自治区、直辖市、计划单列市税务局，新疆生产建设兵团财政局：

为贯彻落实修改后的《中华人民共和国个人所得税法》，现将个人所得税优惠政策衔接有关事项通知如下：

一、关于全年一次性奖金、中央企业负责人年度绩效薪金延期兑现收入和任期奖励的政策

（一）居民个人取得全年一次性奖金，符合《国家税务总局关于调整个人取得全年一次性奖金等计算征收个人所得税方法问题的通知》（国税发〔2005〕9号）规定的，在2021年12月31日前，不并入当年综合所得，以全年一次性奖金收入除以12个月得到的数额，按照本通知所附按月换算后的综合所得税率表（以下简称月度税率表），确定适用税率和速算扣除数，单独计算纳税。计算公式为：

应纳税额＝全年一次性奖金收入×适用税率－速算扣除数

居民个人取得全年一次性奖金，也可以选择并入当年综合所得计算纳税。

自2022年1月1日起，居民个人取得全年一次性奖金，应并入当年综合所得计算缴纳个人所得税。

（二）中央企业负责人取得年度绩效薪金延期兑现收入和任期奖励，符合《国家税务总局关于中央企业负责人年度绩效薪金延期兑现收入和任期奖励征收个人所得税问题的通知》（国税发〔2007〕118号）规定的，在2021年12月31日前，参照本通知第一条第（一）项执行；2022年1月1日之后的政策另行明确。

二、关于上市公司股权激励的政策

（一）居民个人取得股票期权、股票增值权、限制性股票、股权奖励等股权激励（以下简称股权激励），符合《财政部 国家税务总局关于个人股票期权所得征收个人所得税问题的通知》（财税〔2005〕35号）、《财政部 国家税务总局关于股票增值权所得和限制性股票所得征收个人所得税有关问题的通知》（财税〔2009〕5号）、《财政部 国家税务总局关于将国家自主创新示范区有关税收试点政策推广到全国范围实施的通知》（财税〔2015〕116号）第四条、《财政部 国家税务总局关于完善股权激励和技术入股有关所得税政策的通知》（财税〔2016〕101号）第四条第（一）项规定的相关条件的，在2021年12月31日前，不并入当年综合所得，全额单独适用综合所得税率表，计算纳税。计算公式为：

应纳税额＝股权激励收入×适用税率－速算扣除数

（二）居民个人一个纳税年度内取得两次以上（含两次）股权激励的，应合并按本通知第二条第（一）项规定计算纳税。

（三）2022年1月1日之后的股权激励政策另行明确。

三、关于保险营销员、证券经纪人佣金收入的政策

保险营销员、证券经纪人取得的佣金收入，属于劳务报酬所得，以不含增值税的收入减除20%的费用后的余额为收入额，收入额减去展业成本以及附加税费后，并入当年综合所得，计算缴纳个人所得税。保险营销员、证券经纪人展业成本按照收入额的25%计算。

扣缴义务人向保险营销员、证券经纪人支付佣金收入时，应按照《个人所得税扣缴申报管理办法（试行）》（国家税务总局公告2018年第61号）规定的累计预扣法计算预扣税款。

四、关于个人领取企业年金、职业年金的政策

个人达到国家规定的退休年龄，领取的企业年金、职业年金，符合《财政部 人力资源社会保障部 国家税务总局关于企业年金 职业年金个人所得税有关问题的通知》（财税〔2013〕103号）规定的，不并入综合所得，全额单独计算应纳税款。其中按

月领取的，适用月度税率表计算纳税；按季领取的，平均分摊计入各月，按每月领取额适用月度税率表计算纳税；按年领取的，适用综合所得税率表计算纳税。

个人因出境定居而一次性领取的年金个人账户资金，或个人死亡后，其指定的受益人或法定继承人一次性领取的年金个人账户余额，适用综合所得税率表计算纳税。对个人除上述特殊原因外一次性领取年金个人账户资金或余额的，适用月度税率表计算纳税。

五、关于解除劳动关系、提前退休、内部退养的一次性补偿收入的政策

（一）个人与用人单位解除劳动关系取得一次性补偿收入（包括用人单位发放的经济补偿金、生活补助费和其他补助费），在当地上年职工平均工资3倍数额以内的部分，免征个人所得税；超过3倍数额的部分，不并入当年综合所得，单独适用综合所得税率表，计算纳税。

（二）个人办理提前退休手续而取得的一次性补贴收入，应按照办理提前退休手续至法定离退休年龄之间实际年度数平均分摊，确定适用税率和速算扣除数，单独适用综合所得税率表，计算纳税。计算公式：应纳税额＝{[（一次性补贴收入÷办理提前退休手续至法定退休年龄的实际年度数）－费用扣除标准]×适用税率－速算扣除数}×办理提前退休手续至法定退休年龄的实

际年度数

（三）个人办理内部退养手续而取得的一次性补贴收入，按照《国家税务总局关于个人所得税有关政策问题的通知》（国税发〔1999〕58号）规定计算纳税。

六、关于单位低价向职工售房的政策

单位按低于购置或建造成本价格出售住房给职工，职工因此而少支出的差价部分，符合《财政部 国家税务总局关于单位低价向职工售房有关个人所得税问题的通知》（财税〔2007〕13号）第二条规定的，不并入当年综合所得，以差价收入除以12个月得到的数额，按照月度税率表确定适用税率和速算扣除数，单独计算纳税。计算公式为：

应纳税额＝职工实际支付的购房价款低于该房屋的购置或建造成本价格的差额×适用税率－速算扣除数

七、关于外籍个人有关津补贴的政策

（一）2019年1月1日至2021年12月31日期间，外籍个人符合居民个人条件的，可以选择享受个人所得税专项附加扣除，也可以选择按照《财政部 国家税务总局关于个人所得税若干政策问题的通知》（财税〔1994〕20号）、《国家税务总局关于外籍个人取得有关补贴征免个人所得税执行问题的通知》（国税发〔1997〕54号）和《财政部 国家税务总局关于外籍个人取得港澳地区住房等补贴征免个人所得税的通知》（财税〔2004〕29号）规定，享受住房补贴、语言训练费、子女教育费等津补贴免税优惠政策，但不得同时享受。外籍个人一经选择，在一个纳税年度内不得变更。

（二）自2022年1月1日起，外籍个人不再享受住房补贴、语言训练费、子女教育费津补贴免税优惠政策，应按规定享受专项附加扣除。

八、除上述衔接事项外，其他个人所得税优惠政策继续按照原文件规定执行

九、本通知自2019年1月1日起执行。下列文件或文件条款同时废止

（一）《财政部 国家税务总局关于个人与用人单位解除劳动关系取得的一次性补偿收入征免个人所得税问题的通知》（财税〔2001〕157号）第一条；

（二）《财政部 国家税务总局关于个人股票期权所得征收个人所得税问题的通知》（财税〔2005〕35号）第四条第（一）项；

（三）《财政部 国家税务总局关于单位低价向职工售房有关个人所得税问题的通知》（财税〔2007〕13号）第三条；

（四）《财政部 人力资源社会保障部 国家税务总局关于企业年金 职业年金个人所得税有关问题的通知》（财税〔2013〕103

号）第三条第1项和第3项；

（五）《国家税务总局关于个人认购股票等有价证券而从雇主取得折扣或补贴收入有关征收个人所得税问题的通知》（国税发〔1998〕9号）；

（六）《国家税务总局关于保险企业营销员（非雇员）取得的收入计征个人所得税问题的通知》（国税发〔1998〕13号）；

（七）《国家税务总局关于个人因解除劳动合同取得经济补偿金征收个人所得税问题的通知》（国税发〔1999〕178号）；

（八）《国家税务总局关于国有企业职工因解除劳动合同取得一次性补偿收入征免个人所得税问题的通知》（国税发〔2000〕77号）；

（九）《国家税务总局关于调整个人取得全年一次性奖金等计算征收个人所得税方法问题的通知》（国税发〔2005〕9号）第二条；

（十）《国家税务总局关于保险营销员取得佣金收入征免个人所得税问题的通知》（国税函〔2006〕454号）；

（十一）《国家税务总局关于个人股票期权所得缴纳个人所得税有关问题的补充通知》（国税函〔2006〕902号）第七条、第八条；

（十二）《国家税务总局关于中央企业负责人年度绩效薪金延期兑现收入和任期奖励征收个人所得税问题的通知》（国税发〔2007〕118号）第一条；

（十三）《国家税务总局关于个人提前退休取得补贴收入个人所得税问题的公告》（国家税务总局公告2011年第6号）第二条；

（十四）《国家税务总局关于证券经纪人佣金收入征收个人所得税问题的公告》（国家税务总局公告2012年第45号）。

附件：按月换算后的综合所得税率表

财政部

国家税务总局

二〇一八年十二月二十七日

关于完善股权激励和技术入股有关所得税政策的通知

财税〔2016〕101号

各省、自治区、直辖市、计划单列市财政厅（局）、国家税务局、地方税务局，新疆生产建设兵团财务局：

为支持国家大众创业、万众创新战略的实施，促进我国经济结构转型升级，经国务院批准，现就完善股权激励和技术入股有关所得税政策通知如下：

一、对符合条件的非上市公司股票期权、股权期权、限制性股票和股权奖励实行递延纳税政策

（一）非上市公司授予本公司员工的股票期权、股权期权、限制性股票和股权奖励，符合规定条件的，经向主管税务机关备案，可实行递延纳税政策，即员工在取得股权激励时可暂不纳税，递延至转让该股权时纳税；股权转让时，按照股权转让收入减除股权取得成本以及合理税费后的差额，适用“财产转让所得”项目，按照20%的税率计算缴纳个人所得税。

股权转让时，股票（权）期权取得成本按行权价确定，限制

性股票取得成本按实际出资额确定，股权奖励取得成本为零。

（二）享受递延纳税政策的非上市公司股权激励（包括股票期权、股权期权、限制性股票和股权奖励，下同）须同时满足以下条件：

1. 属于境内居民企业的股权激励计划。

2. 股权激励计划经公司董事会、股东（大）会审议通过。未设股东（大）会的国有单位，经上级主管部门审核批准。股权激励计划应列明激励目的、对象、标的、有效期、各类价格的确定方法、激励对象获取权益的条件、程序等。

3. 激励标的应为境内居民企业的本公司股权。股权奖励的标的可以是技术成果投资入股到其他境内居民企业所取得的股权。激励标的股票（权）包括通过增发、大股东直接让渡以及法律法规允许的其他合理方式授予激励对象的股票（权）。

4. 激励对象应为公司董事会或股东（大）会决定的技术骨干和高级管理人员，激励对象人数累计不得超过本公司最近6个月在职职工平均人数的30%。

5. 股票（权）期权自授予日起应持有满3年，且自行权日起持有满1年；限制性股票自授予日起应持有满3年，且解禁后持有满1年；股权奖励自获得奖励之日起应持有满3年。上述时间条件须在股权激励计划中列明。

6. 股票（权）期权自授予日至行权日的时间不得超过10年。

7. 实施股权奖励的公司及其奖励股权标的公司所属行业均

不属于《股权奖励税收优惠政策限制性行业目录》范围（见附件）。公司所属行业按公司上一纳税年度主营业务收入占比最高的行业确定。

（三）本通知所称股票（权）期权是指公司给予激励对象在一定期限内以事先约定的价格购买本公司股票（权）的权利；所称限制性股票是指公司按照预先确定的条件授予激励对象一定数量的本公司股权，激励对象只有工作年限或业绩目标符合股权激励计划规定条件的才可以处置该股权；所称股权奖励是指企业无偿授予激励对象一定份额的股权或一定数量的股份。

（四）股权激励计划所列内容不同时满足第一条第（二）款规定的全部条件，或递延纳税期间公司情况发生变化，不再符合第一条第（二）款第4至6项条件的，不得享受递延纳税优惠，应按规定计算缴纳个人所得税。

二、对上市公司股票期权、限制性股票和股权奖励适当延长纳税期限

（一）上市公司授予个人的股票期权、限制性股票和股权奖励，经向主管税务机关备案，个人可自股票期权行权、限制性股票解禁或取得股权奖励之日起，在不超过12个月的期限内缴纳个人所得税。《财政部 国家税务总局关于上市公司高管人员股票期权所得缴纳个人所得税有关问题的通知》（财税〔2009〕40号）自本通知施行之日起废止。

（二）上市公司股票期权、限制性股票应纳税款的计算，继续按照《财政部 国家税务总局关于个人股票期权所得征收个人所得税问题的通知》（财税〔2005〕35号）、《财政部 国家税务总局关于股票增值权所得和限制性股票所得征收个人所得税有关问题的通知》（财税〔2009〕5号）、《国家税务总局关于股权激励有关个人所得税问题的通知》（国税函〔2009〕461号）等相关规定执行。股权奖励应纳税款的计算比照上述规定执行。

三、对技术成果投资入股实施选择性税收优惠政策

（一）企业或个人以技术成果投资入股到境内居民企业，被投资企业支付的对价全部为股票（权）的，企业或个人可选择继续按现行有关税收政策执行，也可选择适用递延纳税优惠政策。

选择技术成果投资入股递延纳税政策的，经向主管税务机关备案，投资入股当期可暂不纳税，允许递延至转让股权时，按股权转让收入减去技术成果原值和合理税费后的差额计算缴纳所得税。

（二）企业或个人选择适用上述任一项政策，均允许被投资企业按技术成果投资入股时的评估值入账并在企业所得税前摊销扣除。

（三）技术成果是指专利技术（含国防专利）、计算机软件著作权、集成电路布图设计专有权、植物新品种权、生物医药新品种，以及科技部、财政部、国家税务总局确定的其他技术成果。

（四）技术成果投资入股，是指纳税人将技术成果所有权让

渡给被投资企业、取得该企业股票（权）的行为。

四、相关政策

（一）个人从任职受雇企业以低于公平市场价格取得股票（权）的，凡不符合递延纳税条件，应在获得股票（权）时，对实际出资额低于公平市场价格的差额，按照“工资、薪金所得”项目，参照《财政部 国家税务总局关于个人股票期权所得征收个人所得税问题的通知》（财税〔2005〕35号）有关规定计算缴纳个人所得税。

（二）个人因股权激励、技术成果投资入股取得股权后，非上市公司在境内上市的，处置递延纳税的股权时，按照现行限售股有关征税规定执行。

（三）个人转让股权时，视同享受递延纳税优惠政策的股权优先转让。递延纳税的股权成本按照加权平均法计算，不与其他方式取得的股权成本合并计算。

（四）持有递延纳税的股权期间，因该股权产生的转增股本收入，以及以该递延纳税的股权再进行非货币性资产投资的，应在当期缴纳税款。

（五）全国中小企业股份转让系统挂牌公司按照本通知第一条规定执行。

适用本通知第二条规定的上市公司是指其股票在上海证券交易所、深圳证券交易所上市交易的股份有限公司。

五、配套管理措施

（一）对股权激励或技术成果投资入股选择适用递延纳税政策的，企业应在规定期限内到主管税务机关办理备案手续。未办理备案手续的，不得享受本通知规定的递延纳税优惠政策。

（二）企业实施股权激励或个人以技术成果投资入股，以实施股权激励或取得技术成果的企业为个人所得税扣缴义务人。递延纳税期间，扣缴义务人应在每个纳税年度终了后向主管税务机关报告递延纳税有关情况。

（三）工商部门应将企业股权变更信息及时与税务部门共享，暂不具备联网实时共享信息条件的，工商部门应在股权变更登记3个工作日内将信息与税务部门共享。

六、本通知自2016年9月1日起施行

中关村国家自主创新示范区2016年1月1日至8月31日之间发生的尚未纳税的股权奖励事项，符合本通知规定的相关条件的，可按本通知有关政策执行。

附件：股权奖励税收优惠政策限制性行业目录（略）

财政部

国家税务总局

二〇一六年九月二十日

关于做好股权激励和技术入股所得税政策贯彻落实工作的通知

税总函〔2016〕496号

各省、自治区、直辖市和计划单列市国家税务局、地方税务局：

为进一步鼓励科技创新，充分调动科研人员创新创业积极性，经国务院批准，财政部和税务总局联合制发了《关于完善股权激励和技术入股有关所得税政策的通知》（财税〔2016〕101号）。为确保该项优惠政策不折不扣落实到位，现将有关事项通知如下：

一、高度重视，切实强化组织领导

（一）强化组织领导。实施股权激励和技术入股所得税优惠政策，是国务院在经济发展新常态下作出的又一项重大决策。该项政策优惠力度大，对鼓励创新创业，调动科研人员积极性，最大程度将科技成果转化为现实生产力具有积极的促进作用。各级税务机关务必高度重视，强化组织领导，明确职责分工，确保政策落到实处。

二、全面宣传，及时开展政策培训

（二）及时做好政策业务培训。股权激励和技术入股所得税政策调整较大，涉及多个税种、多个环节、多项所得。各地税务机关要充分领会政策精神，熟悉政策内容和征管规定，迅速开展税务干部及相关人员的政策业务培训工作，确保办税服务厅咨询人员、窗口受理人员、12366热线服务人员及其他一线征管人员能够第一时间熟练掌握政策规定内容和操作要求。

（三）全面开展政策宣传。各级税务机关应充分利用门户网站、广播、手机短信、办税服务厅电子屏幕、12366热线、报纸、电视等传统宣传渠道，积极尝试利用微博、微信等新兴宣传渠道，开展全方位、立体式的广泛宣传。

三、优化服务，提升业务办理效率

（四）不断提高纳税服务水平。积极扩展和畅通渠道，加强与纳税人沟通。热情服务纳税人，耐心细致地做好政策辅导和解释工作。及时受理纳税人报送的备案资料，减少纳税人等待时间，妥善解决征纳过程中出现的问题。

（五）切实提升业务办理效率。结合本地区征收管理和纳税服务的实际情况，利用现代化的信息技术和管理手段，不断提升咨询、查询、受理、反馈等业务环节的办理效率，使纳税人办理业务更加便捷。

四、完善管理，形成协同共治合力

（六）加强事中事后管理。主管税务机关要建立规范的电子台账，对报送的股权激励和技术入股备案表及其他证明材料进行系统登记和录入。根据年度报告表及时动态调整台账，定期开展风险分析，实行闭环式管理。

（七）深化国税地税合作。税务机关内部各相关部门之间、各级税务机关之间，要紧密衔接配合。国税部门和地税部门要深化沟通合作，建立长效机制，加强信息共享，凝聚服务和征管合力，确保该优惠政策落实到位。

（八）加强部门协同共治。要进一步加强与科技、知识产权、工商行政管理等部门的协作配合，建立统一规范的信息交换平台和信息共享机制，保障及时获取技术成果转让、股权变更等涉税信息，实现信息共享、管理互助。

五、加强分析，强化舆情监测应对

（一）深入开展效应分析。不折不扣地做好股权激励和技术入股所得税优惠政策的贯彻落实，严格做好相关数据统计，积极开展以政策效应分析为重点的税收分析，每季度首月末向税务总局（所得税司）报送上季度统计数据和分析材料。

（十）加强舆情监测应对。加强与媒体沟通，引导宣传重点，避免因曲解或误读政策引发负面舆情。密切关注舆论焦点，发现问题按规定及时上报和处理。

国家税务总局

二〇一六年九月二十八日

关于境内个人参与境外上市公司股权激励计划外汇管理有关问题的通知

汇发〔2012〕7号

国家外汇管理局各省、自治区、直辖市分局、外汇管理部，深圳、大连、青岛、厦门、宁波市分局；各中资外汇指定银行：

为规范和完善境内个人参与境外上市公司股权激励计划外汇管理，根据《中华人民共和国外汇管理条例》《个人外汇管理办法》（中国人民银行令〔2006〕第3号）等相关法规及规定，现就有关事项通知如下：

一、本通知所称“境外上市公司”是指在境外（含港、澳、台）证券交易场所上市的公司。

“股权激励计划”是指境外上市公司以本公司股票为标的，对境内公司的董事、监事、高级管理人员、其他员工等与公司具有雇佣或劳务关系的个人进行权益激励的计划，包括员工持股计划、股票期权计划等法律、法规允许的股权激励方式。

“境内公司”是在境内注册的境外上市公司、境外上市公司在境内的分支机构（含代表处）以及与境外上市公司有控股关系或实际控制关系的境内各级母、子公司或合伙企业等境内机构。

“境内个人”（以下简称个人）是指符合《中华人民共和国外汇管理条例》第五十二条规定的境内公司董事、监事、高级管理人员及其他员工，包括中国公民（含港澳台籍）及外籍个人。

二、参与同一项境外上市公司股权激励计划的个人，应通过所属境内公司集中委托一家境内代理机构（以下简称境内代理机构）统一办理外汇登记、账户开立及资金划转与汇兑等有关事项，并应由一家境外机构（以下简称境外受托机构）统一负责办理个人行权、购买与出售对应股票或权益以及相应资金划转等事项。

境内代理机构应是参与该股权激励计划的一家境内公司或由境内公司依法选定的可办理资产托管业务的其他境内机构。

三、境内代理机构应持下列材料，到国家外汇管理局所在地分局或外汇管理部（以下简称所在地外汇局）统一办理个人参与股权激励计划的外汇登记：

（一）书面申请，并附《境内个人参与境外上市公司股权激励计划外汇登记表》（见附表1，以下简称《外汇登记表》）；

（二）境外上市公司相关公告等能够证明股权激励计划真实性的证明材料（涉及国有企业等需经主管部门批准的，另需出具有关主管部门的认可文件）；

（三）境内公司授权境内代理机构统一办理个人参与股权激励计划的授权书或协议；

（四）境内公司出具的个人与其雇佣或劳务关系属实的承诺

函（附个人名单、身份证件号码、所涉股权激励类型等）；

（五）前述材料内容不一致或不能说明交易真实性时，要求提供的补充材料。

所在地外汇局审核上述材料无误后，为境内代理机构出具相应的股权激励计划外汇登记证明。

四、个人可以其个人外汇储蓄账户中自有外汇或人民币等境内合法资金参与股权激励计划。以自有外汇资金参与的，银行应凭加盖了境内代理机构公章的股权激励计划外汇登记证明复印件、个人与境内公司雇佣及劳务关系说明等材料办理相应的资金划转手续。以人民币资金参与的，个人应将人民币资金划转至境内代理机构的账户，由境内代理机构按照本通知第五条规定统一办理有关购付汇手续。

五、境内代理机构为个人参与股权激励计划需从境内汇出资金的，应按年度持书面申请、股权激励计划外汇登记证明（在最初办理股权激励计划外汇登记的同时一并申请付汇额度的无需提供）、最新填写的《外汇登记表》等材料向所在地外汇局申请付汇额度。

所在地外汇局审核上述材料无误后，为境内代理机构出具载有对应付汇额度的股权激励计划外汇登记证明，银行凭此在付汇额度内为境内代理机构办理相应的购汇及付汇手续。

六、境内代理机构应凭股权激励计划外汇登记证明，在银行开立一个境内专用外汇账户。该账户的收入范围是：从个人外汇储蓄账户划入的外汇资金，境内代理机构为个人统一购汇所得的外汇资金，个人出售股权激励计划项下股票或权益后汇回的本金及收益，汇回的分红资金，以及经所在地外汇局核准的其他收入。支出范围是：向境外支付参与股权激励计划所需资金、境外汇回资金结汇或向个人外汇储蓄账户划转的资金，以及经所在地外汇局核准的其他支出。

七、个人参与股权激励计划所得外汇收入调回后，境内代理机构应凭相关书面申请、股权激励计划外汇登记证明、境外交易凭证等材料，由银行将资金从境内代理机构境内专用外汇账户分别划入对应的个人外汇储蓄账户，并按照个人外汇储蓄账户的有关规定管理和使用。

调回资金中与原本金购汇部分对应的资金及所有收益，也可由境内代理机构凭上述材料在银行统一为个人办理结汇，并将结汇所得资金分别划入对应的个人境内人民币账户。

八、境内代理机构应在境外上市公司股权激励计划发生重大变更（如原计划关键条款的修订及增加新计划，境外上市公司或境内公司并购重组等重大事项导致原计划发生变化等）、境内代理机构或境外受托机构变更等情况发生后的三个月内，持书面申请、原股权激励计划外汇登记证明、最新填写的《外汇登记表》及相关交易真实性证明材料，到所在地外汇局办理变更登记。

九、因股权激励计划到期，或因境外上市公司在境外证券市场退市、境内公司并购重组等重大事项导致股权激励计划终止的，境内代理机构应在计划终止后的20个工作日内，持书面申请、原股权激励计划登记证明和其他相关证明材料到所在地外汇局办理股权激励计划外汇登记注销。

所在地外汇局审核上述材料无误后，办理相应的股权激励计划外汇登记注销手续，境内代理机构凭此办理后续的账户清理及资金汇兑事宜。

十、境内代理机构应于每季度初三个工作日内向所在地外汇局报送《境内个人参与境外上市公司股权激励计划情况备案表》（见附表2）。境内代理机构的开户银行应于每月初三个工作日内向所在地外汇局报送《境内个人参与境外上市公司股权激励计划境内专用外汇账户开立及关闭情况表》（见附表3）、《境内个人参与境外上市公司股权激励计划境内专用外汇账户收支情况表》（见附表4）。

所在地外汇局应于每月初五个工作日内将对应报表审核汇总后上报国家外汇管理局。

十一、个人参与境外上市公司股权激励计划并通过境内代理机构开立的境内专用外汇账户进行涉外收付款时，境内代理机构应按规定办理国际收支统计间接申报。

十二、国家外汇管理局及其分支机构对个人参与境外上市公司所涉外汇业务实施监督、管理和检查。个人、境内公司、境内代理机构及银行等违反本通知的，国家外汇管理局及其分支机构可依法采取相应的监管措施和行政处罚。

十三、本通知要求报送的相关申请及登记备案材料均需提供具有法律效力的中文文本；具有中文及其他文字等多种文本的，以具有法律效力的中文文本为准。

十四、本通知自发布之日起实施。《国家外汇管理局综合司关于印发<境内个人参与境外上市公司员工持股计划和认股期权计划等外汇管理操作规程>的通知》（汇综发〔2007〕78号）和《国家外汇管理局综合司关于下放境内个人参与境外上市公司员工持股计划首次购付汇额度及开立外汇账户审批权限的通知》（汇综发〔2008〕2号）同时废止。

各分局、外汇管理部收到本通知后，应尽快转发辖内中心支局、支局和外资银行。各中资外汇指定银行收到本通知后，应尽快转发分支行。执行中如遇问题，请及时向国家外汇管理局资本项目管理司反馈。

附表：

1. 境内个人参与境外上市公司股权激励计划外汇登记表

2. 境内个人参与境外上市公司股权激励计划情况备案表

3. 境内个人参与境外上市公司股权激励计划境内专用外汇账户开立及关闭情况表（银行填写）

4. 境内个人参与境外上市公司股权激励计划境内专用外汇账户收支情况表（银行填写）

国家外汇管理局

二〇一二年二月十五日

关于股权激励和技术入股所得税征管问题的公告

国家税务总局公告2016年第62号

为贯彻落实《财政部　国家税务总局关于完善股权激励和技术入股有关所得税政策的通知》（财税〔2016〕101号，以下简称《通知》），现就股权激励和技术入股有关所得税征管问题公告如下：

一、关于个人所得税征管问题

（一）非上市公司实施符合条件的股权激励，本公司最近6个月在职职工平均人数，按照股票（权）期权行权、限制性股票解禁、股权奖励获得之上月起前6个月“工资薪金所得”项目全员全额扣缴明细申报的平均人数确定。

（二）递延纳税期间，非上市公司情况发生变化，不再同时符合《通知》第一条第（二）款第4至6项条件的，应于情况发生变化之次月15日内，按《通知》第四条第（一）款规定计算缴纳个人所得税。

（三）员工以在一个公历月份中取得的股票（权）形式工资

薪金所得为一次。员工取得符合条件、实行递延纳税政策的股权激励，与不符合递延纳税条件的股权激励分别计算。

员工在一个纳税年度中多次取得不符合递延纳税条件的股票（权）形式工资薪金所得的，参照《国家税务总局关于个人股票期权所得缴纳个人所得税有关问题的补充通知》（国税函〔2006〕902号）第七条规定执行。

（四）《通知》所称公平市场价格按以下方法确定：

1. 上市公司股票的公平市场价格，按照取得股票当日的收盘价确定。取得股票当日为非交易日的，按照上一个交易日收盘价确定。

2. 非上市公司股票（权）的公平市场价格，依次按照净资产法、类比法和其他合理方法确定。净资产法按照取得股票（权）的上年末净资产确定。

（五）企业备案具体按以下规定执行

1. 非上市公司实施符合条件的股权激励，个人选择递延纳税的，非上市公司应于股票（权）期权行权、限制性股票解禁、股权奖励获得之次月15日内，向主管税务机关报送《非上市公司股权激励个人所得税递延纳税备案表》（附件1）、股权激励计划、董事会或股东大会决议、激励对象任职或从事技术工作情况说明等。实施股权奖励的企业同时报送本企业及其奖励股权标的企业上一纳税年度主营业务收入构成情况说明。

2. 上市公司实施股权激励，个人选择在不超过12个月期限内缴税的，上市公司应自股票期权行权、限制性股票解禁、股权奖励获得之次月15日内，向主管税务机关报送《上市公司股权激励个人所得税延期纳税备案表》（附件2）。上市公司初次办理股权激励备案时，还应一并向主管税务机关报送股权激励计划、董事会或股东大会决议。

3. 个人以技术成果投资入股境内公司并选择递延纳税的，被投资公司应于取得技术成果并支付股权之次月15日内，向主管税务机关报送《技术成果投资入股个人所得税递延纳税备案表》（附件3）、技术成果相关证书或证明材料、技术成果投资入股协议、技术成果评估报告等资料。

（六）个人因非上市公司实施股权激励或以技术成果投资入股取得的股票（权），实行递延纳税期间，扣缴义务人应于每个纳税年度终了后30日内，向主管税务机关报送《个人所得税递延纳税情况年度报告表》（附件4）。

（七）递延纳税股票（权）转让、办理纳税申报时，扣缴义务人、个人应向主管税务机关一并报送能够证明股票（权）转让价格、递延纳税股票（权）原值、合理税费的有关资料，具体包括转让协议、评估报告和相关票据等。资料不全或无法充分证明有关情况，造成计税依据偏低，又无正当理由的，主管税务机关可依据税收征管法有关规定进行核定。

二、关于企业所得税征管问题

（一）选择适用《通知》中递延纳税政策的，应当为实行查账征收的居民企业以技术成果所有权投资。

（二）企业适用递延纳税政策的，应在投资完成后首次预缴申报时，将相关内容填入《技术成果投资入股企业所得税递延纳税备案表》（附件5）。

（三）企业接受技术成果投资入股，技术成果评估值明显不合理的，主管税务机关有权进行调整。

三、实施时间

本公告自2016年9月1日起实施。中关村国家自主创新示范区2016年1月1日至8月31日之间发生的尚未纳税的股权奖励事项，按《通知》有关政策执行的，可按本公告有关规定办理相关税收事宜。《国家税务总局关于3项个人所得税事项取消审批实施后续管理的公告》（国家税务总局公告2016年第5号）第二条第（一）项同时废止。

特此公告。

附件：

1.《非上市公司股权激励个人所得税递延纳税备案表》及填报说明

2.《上市公司股权激励个人所得税延期纳税备案表》及填报说明

3.《技术成果投资入股个人所得税递延纳税备案表》及填报说明

4.《个人所得税递延纳税情况年度报告表》及填报说明

5.《技术成果投资入股企业所得税递延纳税备案表》及填报说明

国家税务总局

2016年9月28日

关于我国居民企业实行股权激励计划有关企业所得税处理问题的公告

国家税务总局公告2012年第18号

为推进我国资本市场改革，促进企业建立健全激励与约束机制，根据国务院证券管理委员会发布的《上市公司股权激励管理办法（试行）》（证监公司字〔2005〕151号，以下简称《管理办法》）的规定，一些在我国境内上市的居民企业（以下简称上市公司），为其职工建立了股权激励计划。根据《中华人民共和国企业所得税法》及其实施条例（以下简称税法）的有关规定，现就上市公司实施股权激励计划有关企业所得税处理问题，公告如下：

一、本公告所称股权激励，是指《管理办法》中规定的上市公司以本公司股票为标的，对其董事、监事、高级管理人员及其他员工（以下简称激励对象）进行的长期性激励。股权激励实行方式包括授予限制性股票、股票期权以及其他法律法规规定的方式。

限制性股票，是指《管理办法》中规定的激励对象按照股权激励计划规定的条件，从上市公司获得的一定数量的本公司股票。

股票期权，是指《管理办法》中规定的上市公司按照股权激励计划授予激励对象在未来一定期限内，以预先确定的价格和条件购买本公司一定数量股票的权利。

二、上市公司依照《管理办法》要求建立职工股权激励计划，并按我国企业会计准则的有关规定，在股权激励计划授予激励对象时，按照该股票的公允价格及数量，计算确定作为上市公司相关年度的成本或费用，作为换取激励对象提供服务的对价。上述企业建立的职工股权激励计划，其企业所得税的处理，按以下规定执行：

（一）对股权激励计划实行后立即可以行权的，上市公司可以根据实际行权时该股票的公允价格与激励对象实际行权支付价格的差额和数量，计算确定作为当年上市公司工资薪金支出，依照税法规定进行税前扣除。

（二）对股权激励计划实行后，需待一定服务年限或者达到规定业绩条件（以下简称等待期）方可行权的。上市公司等待期内会计上计算确认的相关成本费用，不得在对应年度计算缴纳企业所得税时扣除。在股权激励计划可行权后，上市公司方可根据该股票实际行权时的公允价格与当年激励对象实际行权支付价格的差额及数量，计算确定作为当年上市公司工资薪金支出，依照税法规定进行税前扣除。

（三）本条所指股票实际行权时的公允价格，以实际行权日该股票的收盘价格确定。

三、在我国境外上市的居民企业和非上市公司，凡比照《管理办法》的规定建立职工股权激励计划，且在企业会计处理上，也按我国会计准则的有关规定处理的，其股权激励计划有关企业所得税处理问题，可以按照上述规定执行。

四、本公告自2012年7月1日起施行。

特此公告。

国家税务总局

二〇一二年五月二十三日

后 记

股权激励
——做自己热爱的事

十八年前，从我开始涉足劳动争议纠纷案件那一刻，我就喜欢上劳动法律业务。一直以来，我都在努力为这个领域贡献自己微薄的智慧和力量。

从处理劳动争议纠纷案件，到思考我国企业薪酬体系管理机制，再到剖析股权激励制度，我始终坚信，现在以岗位为中心的人力资源模式必然会被未来以任务为中心的人力资本模式所替代，我国必将进入人力资本新时代……

随着时代的发展，股权激励已成为常态。

基于Wind和Factset的不完全统计，自2006年年初至2020年年底，A股和港股市场共有2547家（A股1819家/港股728家）公司颁布了3904份股权激励方案（A股3176份/港股728份），近

40%的A股公司实施过股权激励。照此计算，未来实行股权激励的公司数量将进一步增加。

与此同时，股权激励的业务也将与日俱增，这就要求为企业提供法律服务的顾问律师们与时俱进，寻找薪酬体系管理制度上的创新之路。

多年来，我对股权激励进行过系统的研究，撰写并发表了多篇专业文章，也积累了大量实践案例。我越来越强烈地感受到，股权激励是企业一个非常有效的管理工具。尽管多数企业实施的股权激励最终都以失败而告终，尽管股权激励之路布满荆棘，但我坚信，一旦企业探索成功，它将为企业插上腾飞的翅膀，成为企业发展新的引擎。

从业以来，除了钻研法律业务，我也爱上了写作。2019年3月，我出版了第一本专著《股权大布局》，获得了很多读者的好评。新冠肺炎疫情期间，我对股权激励进行了新的思考，整理了多年来相关的研究成果，并结集出版。在这个过程中，我深深感受到，写作与马拉松、戈壁徒步一样，需要坚持，需要毅力，更需要积极的心态。

很幸运，在我的生活中总能遇到一些影响我的人，他们帮助我、启发我，在这里要特别感谢他们给予我的帮助。

根据多年的理论研究与实践经验，我始终坚信，股权激励，未来必将成为劳动法律师一个新的业务领域，亦将成为驱动公司创新和发展的动力之一。我也愿意在这条前途充满光明的道路上，帮助更多的企业，探索出适合他们的股权激励之路。

我熟知并热爱的股权激励，在不远的将来，一定会引领我国的薪酬体系进入更高的发展阶段。